이 책을 _____ 에게 드립니다.

매일 엄마 아빠 필수 영어

초판 1쇄 발행 2025년 11월 17일

지은이 이윤우·송인숙
발행인 조상현
마케팅 조정빈
편집인 김주연
디자인 Design IF, 유효경
펴낸곳 더디퍼런스

등록번호 제2018-000177호
주소 경기도 고양시 덕양구 큰골길 33-170(오금동)
문의 02-712-7927
팩스 02-6974-1237
이메일 thedibooks@naver.com
홈페이지 www.thedifference.co.kr

ISBN 979-11-6125-566-8(13740)

독자 여러분의 소중한 원고를 기다리고 있으니 많은 투고 바랍니다.
이 책은 저작권법 및 특허법에 따라 보호받는 저작물이므로 무단전재와 무단복제를 금합니다.
파본이나 잘못 만들어진 책은 구입하신 서점에서 바꾸어 드립니다.
책값은 뒤표지에 있습니다.

더디퍼런스 출판사는 다른 시선으로 세상을 담는 책을 만듭니다.

매일 엄마 아빠 필수 영어

이윤우·송인숙 지음

더디퍼런스

★프롤로그★

부모와의 대화를 통해
자연스럽게

우리는 어려서부터 영어 교육에 많은 노력을 기울여 왔지만, 여전히 영어 회화에 대해서는 큰 어려움을 느끼곤 합니다. 그 이유는 영어가 우리의 일상 속에서 자연스럽게 사용되지 않기 때문입니다. 영어 회화는 어려서 부모부터 자연스럽게 듣고 말하며 익히는 것이 가장 효과적입니다. 돌이켜보면, 아이들이 우리말을 배우기 시작할 때 주변에서 들리는 말을 따라 하며 언어를 익혔습니다. 영어도 마찬가지입니다. 부모와의 대화를 통해 자연스럽게 익혀 나갈 때, 진정한 언어 습득이 이루어집니다.

저는 영어 강사로서, 그리고 한 아이의 부모로서 이러한 경험을 바탕으로 이 책을 쓰게 되었습니다. 저의 아이 도현이를 키우며 매일 실제로 사용했던 영어 표현들, 그리고 원어민 부모들이 자녀와의 일상에서 자주 사용하는 표현들을 중심으로 구성했습니다. 영어를 잘하기 위한 가장 좋은 방법은 영어를 늘 가까이 두고, 생활 속에서 자주 접하는 것입니다. '영어의 바다에 빠져라'라는 말이 있듯이, 아이들을 영어 환경에 자주 노출시키는 것만큼 효과적인 학습법은 없습니다.

이 책에 담긴 핵심 표현들을 부모님이 매일 반복해서 읽어 주시고, 아이에게 자주 들려주세요. 그러면 어느새 아이가 들은 영어를 자연스럽게 입으로 내뱉는 감동적인 순간을 맞이하게 될 것입니다. 엄마 아빠와 영어로 대화하는 아이의 모습을 상상해 보세요. 그 모습만으로도 참 흐뭇하고 자랑스러울 것입니다. 이제 우리는 '지구촌(Global Village)' 시대를 살고 있습니다. 사람과 사람 사이의 원활한 의사소통을 위해 영어는 선택이 아닌 필수가 되었습니다. 오늘부터 여러분의 아이에게 영어로 자연스럽게 말할 수 있는 환경을 만들어 주세요.

"할 수 있다고 계속 생각한다면, 할 수 있습니다."
(If you keep thinking you can do it, you can.)

감사합니다.

★ 이 책의 구성과 특징 ★

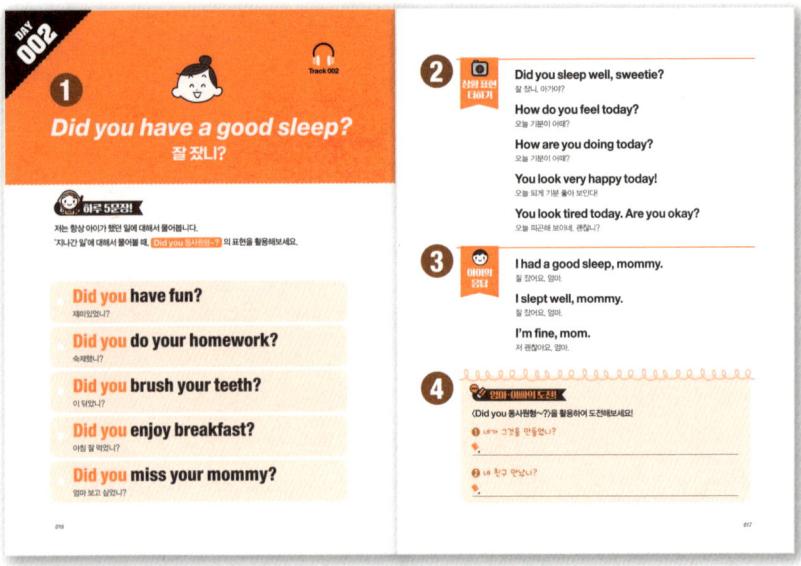

① 핵심 표현은 모두 100개로 이루어져 있습니다. 하루 5문장씩 100일 동안 500개의 문장에 도전해 보세요! 이는 아이와 일상생활에서도 영어를 자연스럽게 주고받을 수 있는 충분한 양입니다. 음성 파일을 통해 문장을 듣고 따라 하며, 아이에게 말해보세요.

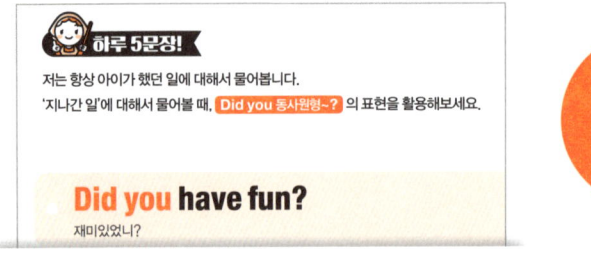

❷ 핵심 표현을 익힌 후, 그 상황에서 어울리는 다양한 표현을 수록하였습니다. 핵심 표현을 익힌 후, 어울리는 다양한 표현도 말하고 싶다면, "상황 표현 더하기!" 코너에 도전해 보세요!

상황 표현 더하기

Did you sleep well, sweetie?
잘 잤니, 아가야?

How do you feel today?
오늘 기분이 어때?

How are you doing today?
오늘 기분이 어때?

You look very happy today!
오늘 되게 기분 좋아 보인다!

❸ 엄마·아빠 영어 표현에 어울리는 아이의 응답을 담은 코너입니다. 이제 영어를 배우기 시작하는 아이에게 부모님의 말에 어울리는 응답 표현을 하나씩 말해주고, 자연스럽게 따라 해보도록 지도해주세요.

아이의 응답

I had a good sleep, mommy.
잘 잤어요, 엄마.

I slept well, mommy.
잘 잤어요, 엄마.

I'm fine, mom.
저 괜찮아요, 엄마.

❹ 핵심 표현에서 배운 것을 활용한 문제 풀이 연습 코너입니다. 기본 뼈대에 어울리는 어휘를 활용해 보면, 쉽게 풀 수 있습니다. 어렵지 않아요! 도전해 보세요!

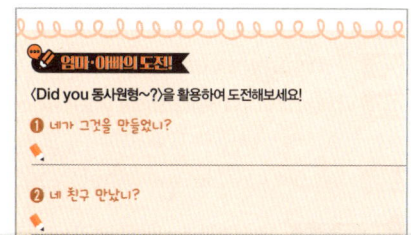

★ 차례 ★

프롤로그 · *004*
이 책의 구성과 특징 · *006*

DAY 001 - 020

001 Good morning, sweetie. It's time to get up! · *014*
안녕, 아가야. 일어날 시간이야!

002 Did you have a good sleep? 잘 잤니? · *016*

003 I'm your mommy(daddy). 엄마(아빠)란다. · *018*

004 It's fine today. 오늘 날씨가 맑네. · *020*

005 Let's wash your face! 세수하자! *022*

006 You must be hungry. 배고프겠구나. *024*

007 Your mom(dad) is cooking. 엄마(아빠)는 요리를 하고 있단다. · *026*

008 It's salty. 짜구나. · *028*

009 You should brush your teeth. 이 닦아야지. · *030*

010 Tell me if you have to pee. 오줌 마려우면 말하렴. · *032*

011 Your daddy is going to work. 아빠 출근하신다. · *034*

012 Let me choose your clothes. 내가 네 옷을 골라줄게. · *036*

013 It suits you well. 그거 너한테 잘 어울린다. · *038*

014 Where is your bag? 네 가방 어디 있니? · *040*

015 Do you know where your book is? 네 책 어디에 있는지 아니? · *042*

016 Hurry up! 서둘러! · *044*

017 Thank you for helping me. 나를 도와줘서 고맙구나. · *046*

018 I'm sorry, sweetie! 미안해, 아가야! · *048*

019 I want you to arrange your books. · *050*
네가 너의 책을 정리하면 좋겠다.

020 Would you like me to help you? 내가 도와줄까? · *052*

★프로젝트 01★ 계속 반복해서 말해주세요! · *054*
★프로젝트 02★ 많이 들려주세요! · *055*

DAY 021 - 040

021 You seem to have a problem. 너 문제가 있는 것 같아 보이는구나. · 056
022 Can you put on your shoes by yourself? 혼자 신발 신을 수 있니? · 058
023 It's too big for you. 그거 너한테 너무 크단다. · 060
024 Have a great day! 좋은 하루 보내렴! · 062
025 Don't forget to call me after school. · 064
학교 끝나면 전화하는 거 잊지 마.
026 What's this? 이게 뭐지? · 066
027 Do you like milk? 우유 좋아하니? · 068
028 I'm not sure if you like this. 네가 이것을 좋아하는지 잘 모르겠네. · 070
029 What do you call '코끼리' in English? 영어로 코끼리가 뭐지? · 072
030 What do you call 'tiger' in Korean? 'tiger'가 한국어로 뭐지? · 074
031 Which do you like better, green or blue? · 076
초록색이 더 좋니, 파란색이 더 좋니?
032 Be careful! 조심하렴! · 078
033 We're going to the market. 우리 시장에 갈 거란다. · 080
034 You need to clean up your room. 네 방을 청소해야지. · 082
035 I'm about to wash the dishes. · 084
나는 이제 막 설거지하려는 참이란다.
036 Do you have a fever? 너 열나니? · 086
037 It smells good! 냄새가 좋구나! · 088
038 What do you want to do now? 지금 뭐하고 싶니? · 090
039 You'd better watch your mouth. 말 조심하는 게 좋을 거야. · 092
040 Have you tried spaghetti? 스파게티 먹어봤니? · 094

★프로젝트 03★ 항상 아이에게 "Mommy!", "Daddy!"라는 말을 해주세요! · 096
★프로젝트 04★ 항상 아이의 눈을 보고 말하세요! · 097

Thank you for helping me.

DAY 041 - 060

041 Get on the elevator. 엘리베이터에 타렴. · *098*
042 Why don't we take the stairs? 우리 계단으로 갈까? · *100*
043 Can you help me find my cell phone? · *102*
　　 내 휴대전화 찾는 것 좀 도와줄래?
044 Do you know where your bag is? 네 가방 어디 있는지 아니? · *104*
045 What a boy! 정말 착한 아이구나! · *106*
046 How pretty! 정말 예쁘구나! · *108*
047 Don't touch it! 그거 만지지 마! · *110*
048 I don't know if you like it. 네가 그거 좋아하는지 모르겠네. · *112*
049 Are you interested in this book? 너 이 책에 관심이 있니? · *114*
050 What did you do? 너 뭐했니? · *116*
051 Why did you do that? 왜 그렇게 했니? · *118*
052 How did you do that? 그거 어떻게 했니? · *120*
053 When did you get up? 언제 일어났니? · *122*
054 Where did you buy it? 그거 어디서 샀니? · *124*
055 Are you trying to do your best? 너는 최선을 다하고 있는 거지? · *126*
056 What were you doing? 뭐하고 있는 중이었니? · *128*
057 Are you good at singing? 너 노래 잘하니? · *130*
058 Try not to think about it. 그것에 대해서 생각하지 않도록 해보렴. · *132*
059 I'll see if I can do that. 내가 그거 할 수 있는지 알아볼게. · *134*
060 It's time for school. 학교 갈 시간이네. · *136*

★프로젝트 05★　아이의 관심을 유발시켜주세요! · *138*
★프로젝트 06★　아이의 대답을 미리 말해보세요! · *139*

That's great!

DAY 061 - 080

061 It's hot today, isn't it? 오늘 덥지, 그렇지 않니? • 140
062 Didn't you have dinner? 저녁 안 먹었지? • 142
063 Do you remember my phone number? • 144
내 전화번호 기억하니?
064 I'll get you something to drink. 너에게 마실 것 좀 가져다줄게. • 146
065 What's your favorite food? 네가 가장 좋아하는 음식이 뭐니? • 148
066 Does it hurt? 아프니? • 150
067 Are you okay? 너 괜찮니? • 152
068 That's great! 그거 끝내준다! • 154
069 Here you are. 여기 있단다. • 156
070 What day is it today? 오늘이 무슨 요일이지? • 158
071 Can you guess what it is? 그게 뭔지 맞춰 볼래? • 160
072 How do you like your eggs? 계란을 어떻게 요리해 줄까? • 162
073 You should've gone to bed early. 넌 일찍 잤어야 했어. • 164
074 Whose is this? 이거 누구의 것이니? • 166
075 Be sure to dress warmly. 반드시 따뜻하게 입으렴. • 168
076 Look, there are birds in the sky. 봐, 하늘에 새들이 날고 있네. • 170
077 Are you in the mood for singing? 노래 부르고 싶니? • 172
078 No wonder you were late. 그래서 늦었구나. • 174
079 What's her name? 그 애 이름이 뭐니? • 176
080 Who is taller? 누가 더 크지? • 178

 ★프로젝트 07★   엄마가 하는 행동을 영어로 말해주세요! • 180
 ★프로젝트 08★   아이가 하고 있는 행동에 대해 물어보세요! • 181

DAY 081 - 100

081 It's important to be polite. 예의를 지키는 것은 중요하단다. · *182*

082 Feel free to talk to me. 내게 편하게 말하렴. · *184*

083 If I were you, I wouldn't do that. · *186*
내가 너라면 난 그렇게 안 할 거야.

084 Don't make me angry. 나를 화나게 하지 마. · *188*

085 Is it okay if I turn off the light? 내가 불 꺼도 괜찮겠니? · *190*

086 I'm sorry to hear that. 그 얘기 들으니 유감이구나. · *192*

087 I'm so proud of you. 난 네가 정말 자랑스럽구나. · *194*

088 You're wearing your shirt back to front. · *196*
너 셔츠를 앞뒤 바꿔서 입고 있구나.

089 Pardon? 뭐라고? *198*

090 I don't think you practice enough. · *200*
너 충분히 연습하는 것 같지 않은데.

091 You're right! 네 말이 맞아! · *202*

092 What made you go there? 거기 왜 갔었니? · *204*

093 Can you do that? 그거 할 수 있겠니? · *206*

094 It's worth trying it. 그것은 시도해볼 만한 가치가 있단다. · *208*

095 I'm so glad that you helped your brother. · *210*
네가 형을 도와주었다니 정말 좋구나.

096 Are you ready? 준비됐니? · *212*

097 You're into comic books. 너 만화책에 푹 빠져 있구나. · *214*

098 I saw you dancing. 나는 네가 춤추는 거 봤단다. · *216*

099 Are you supposed to go on a picnic today? · *218*
너 오늘 소풍 가기로 했지?

100 See you later! 나중에 봐! · *220*

★프로젝트 09★ 아이가 영어 표현을 할 때, 아낌없이 칭찬해주세요. · *222*
★프로젝트 10★ "Thank you", "Please", "Hug"를 생활화하세요. · *223*

엄마·아빠의 도전! 정답 · *224*

하루 10분 영어 수업
시작해 볼까요?

DAY 001

Track 001

Good morning, sweetie. It's time to get up!
안녕, 아가야. 일어날 시간이야!

하루 5문장!

영어 습득의 가장 최고의 비법은 반복입니다.
문장을 반복하여 들려줌으로써 아이들이 영어에 친숙하게 해주세요.
`It's time to 동사원형~` "~할 시간이다"라는 표현을 활용해서
다양한 문장을 아이에게 반복하여 말해보세요.

It's time to have breakfast.
밥 먹을 시간이란다.

It's time to brush your teeth.
이 닦을 시간이란다.

It's time to take a bath.
목욕할 시간이란다.

It's time to take medicine.
약 먹을 시간이란다.

It's time to go to bed.
잠잘 시간이란다.

상황 표현 더하기

Good morning. Wake up, sweetie.
좋은 아침. 일어나 아가야.

The sun came up. Wake up!
아침이 밝았어. 일어나렴.

Good morning, darling. I'm your mommy.
안녕, 아가야. 엄마야.

Did you have a good sleep?
잘 잤니?

Good morning! How are you today?
안녕! 오늘 기분이 어때?

아이의 응답

Good morning, mommy.
엄마, 좋은 아침이에요.

Hello, mommy.
엄마, 안녕하세요.

Mommy, how are you today?
엄마, 오늘 기분이 어때요?

엄마·아빠의 도전!

〈It's time to 동사원형~〉을 활용하여 도전해보세요!

❶ 영어 공부할 시간이란다.

_____

❷ 유치원 갈 시간이란다.

_____

DAY 002

Track 002

Did you have a good sleep?
잘 잤니?

저는 항상 아이가 했던 일에 대해서 물어봅니다.
'지나간 일'에 대해서 물어볼 때, `Did you 동사원형~?` 의 표현을 활용해보세요.

Did you have fun?
재미있었니?

Did you do your homework?
숙제했니?

Did you brush your teeth?
이 닦았니?

Did you enjoy breakfast?
아침 잘 먹었니?

Did you miss your mommy?
엄마 보고 싶었니?

Did you sleep well, sweetie?
잘 잤니, 아가야?

How do you feel today?
오늘 기분이 어때?

How are you doing today?
오늘 기분이 어때?

You look very happy today!
오늘 되게 기분 좋아 보인다!

You look tired today. Are you okay?
오늘 피곤해 보이네. 괜찮니?

I had a good sleep, mommy.
잘 잤어요, 엄마.

I slept well, mommy.
잘 잤어요, 엄마.

I'm fine, mom.
저 괜찮아요, 엄마.

엄마·아빠의 도전!

〈Did you 동사원형~?〉을 활용하여 도전해보세요!

❶ 네가 그것을 만들었니?

_____

❷ 네 친구 만났니?

_____

DAY 003

Track 003

I'm your mommy(daddy).
엄마(아빠)란다.

누군가를 보고 만나는 아이에게 항상 그 사람이 누구인지를 말해주세요.
`I/He/She/ + be동사 + 인물을 나타내는 어휘` 의 형태를 써서 말해주세요.

I'm your daddy.
아빠야.

He's your grandfather.
네 할아버지이셔.

She's your grandmother.
네 할머니이셔.

He's your uncle.
네 삼촌이셔.

She's your aunt.
네 이모(고모)이셔.

상황 표현 더하기

She is your sister.
네 누나(언니/여동생)란다.

He is your brother.
네 형(오빠/남동생)이란다.

Do you know who I am?
내가 누군지 아니?

Do you know who she is?
여자 분이 누구인지 아니?

You are my sweet baby.
너는 엄마의 사랑스런 아기란다.

아이의 응답

You're my mommy.
우리 엄마예요.

She is my grandma.
우리 할머니에요.

Who is he?
남자 분은 누구세요?

엄마·아빠의 도전!

〈I'm/ She's/ He's~〉을 활용하여 도전해보세요!

❶ 그녀는 너의 선생님이란다.
_____

❷ 그는 너의 사촌이란다.
_____

DAY 004

Track 004

It's fine today.
오늘 날씨가 맑네.

 하루 5문장!

아침에 아이가 일어나면 창 밖을 같이 바라보면서 '날씨'를 물어봅니다.
그리고 반드시 매일의 날씨를 It's + 날씨 표현 을 이용해서 바로 말해줍니다.

It's sunny today.
오늘은 해가 나네.

It's snowy today.
오늘은 눈이 오네.

It's rainy today.
오늘은 비가 오네.

It's cold today.
오늘은 춥네.

It's very windy today.
오늘은 바람이 세게 부네.

상황 표현 더하기

How's the weather today?
오늘 날씨가 어때?

What's the weather like today?
오늘 날씨가 어때?

Look out the window, honey.
아가야, 창 밖을 보렴.

It's rainy outside. Take your umbrella.
밖에 비가 오네. 우산을 챙기렴.

It's snowy outside. Let's make a snowman.
밖에 눈이 오네. 눈사람을 만들자.

아이의 응답

It's foggy today.
오늘은 안개가 꼈어요.

It's cloudy today.
오늘 날씨가 흐려요.

It's hot today.
오늘은 더워요.

엄마·아빠의 도전!

〈It's + 날씨 표현〉을 활용하여 도전해보세요!

❶ 밖에 비가 오고 있네.

_____

❷ 밖은 아마 추울 거야.

_____

DAY 005

Track 005

Let's wash your face!
세수하자!

 하루 5문장!

엄마가 아이와 함께 활동하며 영어를 익히는 것이 중요합니다.
아이에게 무엇을 함께 하자고 '제안'할 때, **Let's + 동사원형~** 을 이용하여 이야기합니다.

Let's go!
가자!

Let's have a meal!
밥 먹자!

Let's wash our hands!
손 씻자!

Let's read a book!
책 보자!

Let's sing a song together!
같이 노래 부르자!

상황 표현 더하기

It's time to brush your teeth.
이 닦을 시간이란다.

Your hands are dirty. Let's wash them.
손이 더럽네. 손 씻자.

Do you want to wash your face?
세수하고 싶다고?

Let's go to the bathroom!
욕실에 가자!

Do you want me to wash your hair?
엄마가 머리 감겨줄까?

아이의 응답

Mommy, I want to brush my teeth.
엄마, 저 이 닦고 싶어요.

Daddy, I want to take a bath with you.
아빠, 저 아빠랑 목욕하고 싶어요.

I'd like to wash my hair, mommy.
엄마, 저 머리 감고 싶어요.

엄마·아빠의 도전!

〈Let's + 동사원형~〉을 활용하여 도전해보세요!

❶ 병원 가자!
✏️ _____

❷ 피자 배달시켜 먹자!
✏️ _____

DAY 006

Track 006

You must be hungry.
배고프겠구나.

하루 5문장!

항상 아이가 있는 상황을 먼저 추측해서 말해줍니다.
아침에 일어나서 좀 있다 보면 당연히 아이가 배고프겠죠? 그러면 미리 "너 배고프겠구나."라고 하면서 말을 겁니다. '추측'을 나타내는 표현인 must + 동사원형 의 형태를 사용하면 됩니다.

You must be cold, sweetie.
아가야, 너 춥겠구나.

You must be tired.
너 피곤하구나.

You must be sleepy.
너 졸리는구나.

You must be angry.
너 화나는구나.

You must like this toy.
너는 이 장난감을 좋아하는구나.

상황 표현 더하기

Are you hungry?
배고프니?

Do you want more milk?
우유 더 줄까?

Do you want some more noodles?
면 좀 더 줄까?

You must be starving.
너 배가 아주 고프겠구나.

What do you want to have for lunch?
점심으로 무엇을 먹고 싶니?

아이의 응답

Mommy, I'm hungry.
엄마, 저 배고파요.

I want more milk.
저 우유 더 마시고 싶어요.

I want more cake.
저 케이크 더 먹고 싶어요.

엄마·아빠의 도전!

〈must + 동사원형〉을 활용하여 도전해보세요!

❶ 너 심심하구나(지루하구나).

_____

❷ 너 기분 되게 좋구나.

_____

DAY 007

Track 007

Your mom(dad) is cooking.
엄마(아빠)는 요리를 하고 있단다.

엄마가 하고 있는 행동이나 아기가 하고 있는 행동을 영어로 말해주려고 노력하세요.
현재진행형인 `be동사 + ~ing` 의 형태를 사용하여 말해줍니다.

Your mom is cleaning the house.
엄마는 청소 중이란다.

Your mom is talking on the phone.
엄마는 전화 통화 중이란다.

You're drawing a picture.
너는 그림을 그리고 있는 중이네.

You're reading a book.
너는 책을 읽고 있는 중이네.

Your daddy is watching TV.
너희 아빠는 TV를 보고 계신단다.

상황 표현 더하기

Your mom is making breakfast.
엄마가 아침을 하고 있단다.

I'm cutting vegetables.
엄마가 야채를 썰고 있단다.

Your mom is setting the table.
엄마가 상을 차리고 있단다.

I'm making curry for you.
엄마가 너를 위해 카레를 만들고 있단다.

I'm baking some cookies for you.
엄마가 너를 위해 과자를 굽고 있단다.

아이의 응답

What are you doing, mom?
엄마 뭐하고 계세요?

Mom, are you cooking?
엄마 요리하세요?

I'd like to cook with you, mom.
저도 엄마랑 요리하고 싶어요.

엄마·아빠의 도전!

〈be동사 + ~ing〉을 활용하여 도전해보세요!

❶ 엄마는 너 목욕시키고 있단다.
　_____

❷ 너는 강아지랑 놀고 있는 중이구나.
　_____

DAY 008

Track 008

It's salty.
짜구나.

하루 5문장!

아이와 같이 음식을 먹을 때 항상 '맛'에 대한 이야기를 해주는 습관이 필요합니다.
먼저 이야기를 해주거나 아이에게 계속 물어보세요.
`It's + 맛을 나타내는 형용사` 를 사용하면 됩니다.

It's tasty.
맛있단다.

It's sour.
시단다.

It's bitter.
쓰단다.

Is it salty?
짜니?

Is it good?
맛 괜찮니?

상황 표현 더하기

Breakfast is ready.
아침이 준비되었어.

Let's have breakfast.
아침 먹자.

Come and sit at the table.
와서 식탁에 앉으렴.

Here are your chopsticks.
여기 너의 젓가락이란다.

It tastes good.
맛있단다.

아이의 응답

It's delicious.
맛있어요.

Please give me my spoon.
제 숟가락 주세요.

It's hot. Give me some water, please.
매워요. 물 좀 주세요.

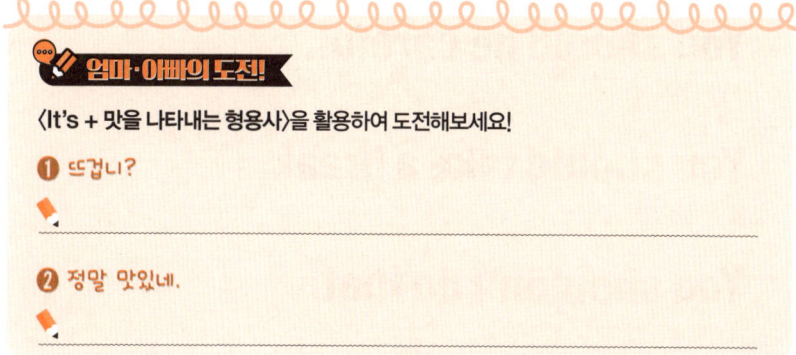

엄마·아빠의 도전!

〈It's + 맛을 나타내는 형용사〉를 활용하여 도전해보세요!

❶ 뜨겁니?

❷ 정말 맛있네.

DAY 009

Track 009

You should brush your teeth.
이 닦아야지.

아이에게 뭔가를 '충고'하면서 이야기해줄 때 should + 동사원형 을 씁니다.
우리나라 문법책에서는 should 가 의무적인 표현으로 "~해야만 한다"라고만 나와 있지만 실제 회화에서는 "~ 좀 하지 그러니" 정도의 의미로 사용됩니다.

You should do your homework.
숙제해야지.

You should have dinner.
저녁 먹어야지.

You should be careful.
조심해야지.

You should take a break.
좀 쉬어야지.

You shouldn't do that.
그렇게 하면 안 되지.

상황 표현 더하기

Then you won't catch a cold.
그러면 너는 감기에 걸리지 않을 거란다.

Brush your teeth, or you'll get a cavity.
이를 닦으렴. 그렇지 않으면, 충치가 생길 거야.

You should brush your teeth three times a day.
이는 하루에 세 번 닦아야 한단다.

You should brush your teeth for three minutes.
이를 3분간 닦아야지.

You should brush up and down.
위 아래로 닦아야 한단다.

아이의 응답

I like brushing my teeth.
저는 이 닦는 것을 좋아해요.

Can I brush my teeth after eating cookies?
쿠키를 먹고 이 닦아도 돼요?

I think I have a cavity.
저 충치가 생긴 것 같아요.

엄마·아빠의 도전!

〈You should + 동사원형〉을 활용하여 도전해보세요!

❶ 네 책들을 정리해야지.

_____

❷ 친구랑 싸우면 안 된단다.

_____

DAY 010

Track 010

Tell me if you have to pee.
오줌 마려우면 말하렴.

 하루 5문장!

아이가 표현하고 싶은 말이 있으면 항상 엄마에게 말하라고 하세요.
그럴 때 **Tell me if/when~** 의 형태로 말해주세요.

Tell me if you are hungry.
배고프면 말하렴.

Tell me if you want more milk.
우유 더 마시고 싶으면 말하렴.

Tell me if you're bored.
지루하면 말하렴.

Tell me when you finish reading it.
그거 다 읽으면 말하렴.

Tell me when you need my help.
내 도움이 필요하면 말하렴.

상황 표현 더하기

Do you have to pee?
오줌 마렵니?

Do you have to poop?
응가 마렵니?

You should go to the bathroom before you go to bed.
잠자기 전에 화장실에 가야 한단다.

Tell me when you're done.
다 누면 말해.

You shouldn't pee in your pants.
바지에 쉬하면 안 돼요.

아이의 응답

I have to pee right now.
저 지금 쉬 마려워요.

I want to poop.
응가 마려워요.

Mom, I peed in my pants.
엄마, 바지에 쉬했어요.

엄마·아빠의 도전!

〈Tell me if/when~〉을 활용하여 도전해보세요!

❶ 원하는 게 있으면 말하렴.

❷ 아프면 말하렴.

DAY 011

Track 011

Your daddy is going to work.
아빠 출근하신다.

 하루 5문장!

'앞으로 무언가를 할 상황'일 때, `be going to + 동사원형` 을 사용합니다.
이미 하기로 정해져 있거나 계획된 일에 will보다는 `be going to` 를 사용합니다.

I'm going to buy a book for you.
널 위해서 책 한 권 살 거란다.

We are going to go shopping.
우리 쇼핑 갈 거란다.

We're going to go swimming.
우리 수영하러 갈 거란다.

We're going to take a walk.
우리 산책할 거란다.

You're going to visit your grandma.
너는 할머니 댁에 갈 거란다.

상황 표현 더하기

Say bye to your daddy.
아빠에게 인사하렴.

Have a great day, daddy.
아빠 좋은 하루 되세요.

Bye, daddy.
안녕, 아빠.

See you later.
나중에 봐요.

Give him a kiss.
아빠한테 뽀뽀해 드려라.

아이의 응답

Have a nice day, daddy.
좋은 하루 되세요, 아빠.

Please come home early, daddy.
일찍 들어오세요.

I love you, daddy.
아빠, 사랑해요.

엄마·아빠의 도전!

〈be going to+동사원형〉을 활용하여 도전해보세요!

❶ 아빠 출근하신다.
_____

❷ 아빠가 도넛을 사오실 거란다.
_____

DAY 012

Track 012

Let me choose your clothes.
네 옷을 골라줄게.

아이에게 무엇을 해줄 때 "내가 ~해줄게."라는 표현을 많이 사용하는데,
그때 `Let me + 동사원형`을 이용해서 표현해주세요.

Let me take care of it.
내가 해줄게.

Let me handle it.
내가 해줄게.

Let me help you.
내가 도와줄게.

Let me explain it.
내가 설명해 줄게.

Let me hold it.
내가 잡아줄게.

Why don't you put on these blue pants?
이 파란색 바지를 입는 게 어떠니?

What do you want to wear today?
오늘은 어떤 옷을 입고 싶니?

You should dress warmly.
따뜻하게 입어야 한단다.

You should button your jacket.
재킷의 단추를 잠가야 해.

It's time to change your clothes.
옷 갈아입을 시간이란다.

I don't want to wear these red socks, mommy.
엄마, 이 빨간 양말 신고 싶지 않아요.

I want to wear a skirt, mommy.
엄마, 저 치마 입고 싶어요.

Where is my hat, mommy?
엄마, 제 모자 어디 있어요?

엄마·아빠의 도전!

〈Let me + 동사원형〉을 활용하여 도전해보세요!

❶ 생각해보자.
_____

❷ 어디 보자.
_____

DAY 013

Track 013

It suits you well.
그거 너한테 잘 어울린다.

 하루 5문장!

전 늘 아이가 입는 '옷에 대해 칭찬'을 해 줍니다.
그럴 때 다음과 같은 다양한 표현을 사용합니다.

It's nice on you.
그거 너한테 잘 어울린다.

This hat looks good on you.
모자 너한테 잘 어울린다.

It looks good on you.
그거 너한테 잘 어울린다.

Your new jacket matches you well.
네 새 재킷이 너한테 잘 어울린다.

Your pink skirt goes well with you.
분홍색 치마가 너한테 잘 어울린다.

상황 표현 더하기

Do you want to wear a yellow shirt today?
오늘 노란색 셔츠를 입고 싶니?

Look, your mommy bought a new coat for you.
봐봐, 엄마가 네 새 코트 사왔단다.

Do you like it?
마음에 드니?

How about these shoes?
이 신발은 어떠니?

You look great!
너 멋지다!

아이의 응답

Do I look good, mommy?
엄마, 저 괜찮아요?

I like it, mom.
엄마, 저 그거 마음에 들어요.

It's too small.
너무 작아요.

엄마·아빠의 도전!

〈옷에 대한 칭찬〉을 활용하여 도전해보세요!

❶ 새 조끼가 너한테 잘 어울린다.

_____

❷ 후드티가 너한테 진짜 잘 어울린다.

_____

DAY 014

Track 014

Where is your bag?
네 가방 어디 있니?

아이에게 물건이나 사람이 어디에 있는지를 물어보면서 영어 표현을 활용해보세요.
그럴 때는 `Where is /are ~?` 를 이용해서 표현합니다.

Where is your daddy?
아빠 어디 계시니?

Where is the ball?
공 어디 있니?

Where is an eraser?
지우개 어디 있니?

Where is your notebook?
공책 어디 있니?

Where are your socks?
양말 어디 있니?

상황 표현 더하기

What are you looking for?
무엇을 찾고 있니?

Do you remember where it is?
그거 어디에 있는지 기억나니?

Are you looking for this?
이것을 찾고 있니?

Where did you put your bag?
가방 어디에 두었니?

Did you find your bag?
가방 찾았니?

아이의 응답

I don't know where it is.
그게 어디 있는지 모르겠어요.

Where is it, mom?
그거 어디 있어요, 엄마?

I've found it.
찾았어요.

엄마·아빠의 도전!

〈Where is / are~?〉을 활용하여 도전해보세요!

❶ 네 코트 어디에 있니?

❷ 이모 어디에 계시니?

DAY 015

Track 015

Do you know where your book is?
네 책 어디에 있는지 아니?

아이에게 사람이나 사물의 위치를 물어볼 때 직접 물어볼수도 있지만 간접적으로 물어보는 것도 중요합니다. 그럴 때는 `Do you know + 의문사(where) + 주어 + 동사~?` 의 '간접의문문'을 사용해보세요.

Do you know where your older sister is?
누나 어디에 있는지 아니?

Do you know where your pencil case is?
네 필통 어디에 있는지 아니?

Do you know where my cell phone is?
내 휴대전화 어디 있는지 아니?

Do you know where I put my camera?
엄마가 사진기를 어디에 두었는지 아니?

Do you know where I put a wallet?
엄마가 지갑을 어디에 두었는지 아니?

상황 표현 더하기

Did you find your book?
책 찾았니?

I'll find it for you.
엄마가 찾아볼게.

Let me find it for you.
엄마가 찾아볼게.

Go find it.
가서 그것 좀 찾아보렴.

Here it is!
여기 있구나!

아이의 응답

Mommy, I can't find my book.
엄마, 제 책을 못 찾겠어요.

I'm looking for it now.
지금 그것을 찾고 있는 중이에요.

Do you know where it is?
그거 어디 있는지 아세요?

엄마·아빠의 도전!

〈Do you know where~?〉을 활용하여 도전해보세요!

❶ 엄마 목걸이 어디 있는지 아니?

✎ _____

❷ 엄마가 네 칫솔 어디에 두었는지 아니?

✎ _____

DAY 016

Track 016

Hurry up!
서둘러!

급한 상황이나 하지 말아야 할 것, 또는 즉시 뭔가를 말해줘야 할 때는 '명령문'을 이용하여 표현해주세요. 주로 동사의 원형 으로 시작하는 문장을 말하면 됩니다.
그리고 하지 말아야 할 것은 Don't + 동사원형 의 표현을 사용합니다.

Stay here!
여기에 있으렴!

Watch out!
조심해!

Stop crying!
울음 뚝 그치렴!

Don't move!
움직이지 마!

Don't do that!
그거 하지 마!

상황 표현 더하기

You're too late.
너 너무 늦었어.

Hurry up, or you'll be late.
서두르렴. 그렇지 않으면 늦겠다.

You will miss the school bus.
스쿨버스를 놓치겠다.

We are in a hurry.
우리는 서둘러야 한단다.

Take your time now.
이젠 천천히 해도 된단다.

아이의 응답

I'll do it right away.
그거 지금 당장 할게요.

OK, I'm trying to hurry.
네, 빨리 하려고 애쓰고 있어요.

OK, I will.
네, 그럴게요.

엄마·아빠의 도전!

〈명령문〉을 활용하여 도전해보세요!

❶ 지금 당장 네 코트 입어!

_____

❷ 숙제하는 거 잊지 마!

_____

DAY 017

Track 017

Thank you for helping me.
나를 도와줘서 고맙구나.

 하루 5문장!

항상 아이에게 고맙다는 말을 해주세요. 주로 '고마움'을 표시할 때는
`Thank you for + 명사/동사~ing` 를 이용한 표현을 사용하거나
`I appreciate it.` 의 표현을 사용합니다. 그리고 반드시 아이에게
`You're welcome,` `My pleasure, Don't mention it.` 등의 대답을 알려주세요.

Thank you for bringing the tissue.
화장지를 가져다줘서 고마워.

Thank you, sweetie.
고마워, 아가야.

I really appreciate it.
정말 고맙구나.

Thank you for your help.
도와줘서 고마워.

Thanks a lot.
정말 고마워.

상황 표현 더하기

You did a good job.
잘했어.

Good job!
잘했어!

Excellent!
훌륭해!

Good try!
잘했어!

Awesome!
끝내줬어!

아이의 응답

Don't mention it.
천만에요.

You're welcome.
천만에요.

It's my pleasure.
천만에요. (제가 좋아서 한 거에요.)

엄마·아빠의 도전!

〈Thank you for + 동사~ing〉을 활용하여 도전해보세요!

❶ 청소 도와줘서 고마워.
✎ _____

❷ 남동생 돌봐줘서 고마워.
✎ _____

DAY 018

Track 018

I'm sorry, sweetie!

미안해, 아가야!

하루 5문장!

아이에게 실수를 했을 때도 반드시 '미안'하다는 표현을 사용해주세요.
주로 I'm sorry for + 명사/동사~ing 를 사용하거나 I apologize to you. 의 표현을 이용해서 말해주세요. 그리고 반드시 거기에 대한 대답을 알려주세요.
That's okay, mommy. 또는 That's all right. 등을 미리 말해주어 아이가 항상 따라 하게 해주세요.

I'm sorry for being late.
늦어서 미안해.

I'm sorry for making you wait.
기다리게 해서 미안해.

I'm sorry for not helping you.
도와주지 못해서 미안해.

I'm so sorry.
정말 미안해.

I apologize to you.
내가 사과할게.

상황 표현 더하기

I didn't know it's hot. I'm sorry.
뜨거운지 몰랐네. 미안해.

I thought it's not spicy. I'm so sorry.
안 매운지 알았어. 정말 미안해.

Are you okay?
괜찮니?

I'm sorry for being angry with you.
너한테 화내서 미안해.

Did it hurt? I'm sorry.
아팠니? 미안해.

아이의 응답

That's ok, mommy.
괜찮아요, 엄마.

That's all right.
괜찮아요.

It's not your fault.
엄마 잘못이 아니에요.

엄마·아빠의 도전!

〈I'm sorry〉를 활용하여 도전해보세요!

❶ 내 잘못이야. 미안해.
✎ _____

❷ 정말 너무 미안하구나.
✎ _____

DAY 019

Track 019

I want you to arrange your books.
네가 너의 책을 정리하면 좋겠다.

아이에게 "네가 ~을 하면 좋겠어"라고 말할 때는
`I want you to + 동사원형` 의 표현을 이용해서 말해주세요.

I want you to **eat healthy food.**
네가 몸에 좋은 음식을 먹으면 좋겠어.

I want you to **help me clean your room.**
네 방 청소하는 거 좀 도와주면 좋겠어.

I want you to **do your homework right now.**
네가 지금 당장 숙제를 하면 좋겠어.

I want you to **get up early every morning.**
네가 매일 아침 일찍 일어나면 좋겠어.

I want you to **read many books.**
네가 많은 책을 읽으면 좋겠어.

상황 표현 더하기

What a mess!
난장판이구나!

I almost stepped on your books.
네 책을 거의 밟을 뻔했잖니.

Put the books on the shelf.
그 책들을 책꽂이에 꽂아 두렴.

Do you want me to help you?
엄마가 너 도와주면 좋겠니?

What do you want me to do?
엄마가 뭐 해주면 좋겠니?

아이의 응답

I'm sorry, mom. I'll do it after I finish this.
미안해요, 엄마. 이거 끝내고 할게요.

Could you help me arrange them?
그것들 정리하는 거 도와주시겠어요?

I'll put them on the shelf.
그것들 책꽂이에 꽂을게요.

엄마·아빠의 도전!

〈I want you to+동사원형〉을 활용하여 도전해보세요!

❶ 엄마는 네가 일찍 자면 좋겠어.

✎ _____

❷ 엄마는 네가 자신감을 가지면 좋겠어.

✎ _____

DAY 020

Track 020

Would you like me to help you?
내가 도와줄까?

아이가 원하는 무언가를 해주고 싶을 때 "내가 ~해줄까? / 내가 ~해주면 좋겠니?"라는 표현으로 `Would you like me to + 동사원형` 을 이용해 말하세요.

Would you like me to **draw a circle**?
내가 원 그려줄까?

Would you like me to **cut this for you?**
내가 이거 잘라줄까?

Would you like me to **get you dressed?**
내가 옷 입혀줄까?

Would you like me to **give you a hand?**
내가 도와줄까?

Would you like me to **help you paint the picture?** 내가 그림 색칠하는 거 도와줄까?

상황 표현 더하기

Let me see.
어디 보자.

It seems (that) you can't find your toy.
네 장난감을 못 찾고 있구나.

It must be difficult.
어렵구나.

I think you have a problem.
너 문제가 있구나?

What do you want me to do?
내가 뭐 해줄까?

아이의 응답

I would appreciate if you would help me.
엄마가 도와주시면 정말 감사할 거에요.

Mommy, I can't solve this question.
엄마, 이 문제 못 풀겠어요.

Mommy, I don't know how to do this.
엄마, 이거 어떻게 하는지 모르겠어요.

엄마·아빠의 도전!

〈Would you like me to + 동사원형〉을 활용하여 도전해보세요!

❶ 엄마가 스파게티 만들어줄까?
_____

❷ 엄마가 숙제하는 거 도와줄까?
_____

계속 반복해서 말해주세요!

저는 저희 아이(도현)가 아직 말을 하지 못하던 때에도 아침에 일어나면 항상 "Good morning!(좋은 아침!)"이라고 말해주었습니다. 사실, 도현이가 따라 할 거라고 생각하지는 않았지만, 절대로 멈추지 않고 계속 반복해서 말해주었습니다.

당연히 도현이는 처음에 아무런 반응이 없었고, 제 말에도 대답을 할 수 없었죠. 그러던 어느 날, 도현이가 제게 영어로 "Good morning!"이라고 하는 것입니다. 그 순간이 얼마나 행복했을지 상상해보세요!

자, 여러분도 저처럼 아이에게 계속 반복해서 영어를 말해주세요! 그러면 영어로 대답하는 너무도 사랑스런 아이를 보실 수 있을 것입니다.

프로젝트 02

많이 들려주세요!

아이들은 타고난 천재이기 때문에, 많은 단어를 알려주면 더 많은 단어를 배우려 하고 자연스럽게 배우게 됩니다. 저는 저희 도현이를 볼 때마다, 우선 아이의 눈에 보이는 모든 것을 항상 영어 단어로 알려주었습니다.

혹시 본인이 아직 많은 영어 단어를 모른다고 생각하신다면, 우선 단어들을 종이에 적어서 집에 보이는 모든 사물에 붙여두세요. 그리고 아이와 함께 같이 외운다고 생각하시면, 자연스럽게 아이와 영어로 말해보는 습관을 갖게 될 겁니다.

그리고 나서 아이와 함께 있을 때마다 보이는 사물을 가리키면서, **"What's this?"**(이건 무엇이니?), **"What's that?"**(저건 무엇이니?), **"What are they?"**(저것들은 무엇이니?) 등의 질문을 던지세요. 그러면 어느 순간 자연스럽게 질문에 영어로 답하는 여러분의 아이를 보실 수 있을 겁니다.

DAY 021

Track 021

You seem to have a problem.
너 문제가 있는 것 같아 보이는구나.

아이가 무언가를 하고 있거나, 어떤 표정을 짓고 있거나, 어떤 감정을 표현할 때,
" 너 ~인 것처럼 보이는구나"라는 표현을 이용하여 아이에게 관심을 보여주세요.
그럴 때 `seem + 형용사`, `seem to + 동사원형`, `It seems (that) + 주어 + 동사`,
`It seems like 주어 + 동사` 의 표현을 사용하면 됩니다.

You seem depressed.
너 우울해 보이는구나.

You seem angry.
너 화나 보이는구나.

You seem to forget it.
너 그거 잊어버린 것처럼 보이는구나.

It seems (that) you have a problem.
너 문제가 있는 것처럼 보이는구나.

It seems like you're very bored.
너 되게 지루해 보이는구나.

상황 표현 더하기

What's the problem?
뭐가 문제니?

Tell me what your problem is.
네 문제가 뭔지 내게 말해보렴.

What's the matter with you?
너 문제 있니?

What's wrong with you?
뭐가 잘못됐니?

What happened?
무슨 일이니?

아이의 응답

I don't know what to do.
뭘 해야 할지 모르겠어요.

I don't know what the problem is.
문제가 뭔지 모르겠어요.

Could you give me a hand, mommy?
엄마, 저 좀 도와주실래요?

엄마·아빠의 도전!

〈You seem~〉을 활용하여 도전해보세요!

❶ 너 실망한 것처럼 보이는구나.

❷ 너 오늘 되게 기분 좋아 보이는구나.

DAY 022

Track 022

Can you put on your shoes by yourself?
혼자 신발 신을 수 있니?

 하루 5문장!

아이에게 무언가를 할 수 있느냐고 물어볼 때에는
`Can you + 동사원형~?` 의 표현을 이용해서 물어보세요.

Can you do it now?
지금 그거 할 수 있니?

Can you help your dad?
네 아빠 좀 도와줄 수 있니?

Can you wear clothes by yourself?
혼자 옷 입을 수 있니?

Can you hold it for a while?
그거 잠깐만 들고 있을 수 있니?

Can you tie your shoes by yourself?
혼자 신발 끈 묶을 수 있니?

상황 표현 더하기

It's time to go.
갈 시간이야.

Are you ready?
준비됐니?

We don't have enough time.
우리 시간이 많지 않단다.

Look, your shoelace is untied.
네 신발 끈이 풀렸어.

We have to go now.
우리 지금 가야 해.

아이의 응답

I can do it myself.
제가 혼자 할 수 있어요.

I can handle it myself, mom.
엄마, 제가 혼자 그거 처리할 수 있어요.

No, I cannot. Could you help me out?
아니요, 못하겠어요. 도와주시겠어요?

엄마·아빠의 도전!

〈Can you + 동사원형~?〉을 활용하여 도전해보세요!

❶ 엄마 부탁 하나만 들어줄래?

❷ 영어 할 수 있니?

DAY 023

Track 023

It's too big for you.
그거 너한테 너무 크단다.

아이의 '의견이나 느낌' 등을 제때에 물어보고, 표현하도록 가르치세요.
그럴 때에는 주로 `It's + 형용사` 의 표현을 이용하여 대답하도록 알려주세요.

It's **very** boring.
너무 지루해.

It's **easy** to understand.
이해하기 쉬워.

It's **heavy** to carry.
가지고 다니기에 무거워.

It's **very** interesting.
아주 재미있어.

Is it delicious?
그거 맛있니?

상황 표현 더하기

How do you like it?
그거 어떠니?

Do you like your new shoes?
네 새 신발 좋니?

Is it good?
그거 좋니?

Would you like to try another?
다른 거 신어볼래?

That looks good on you.
저게 너에게 잘 어울린다.

아이의 응답

These shoes are too big for me.
이 신발들 제게 너무 커요.

It's too small for me, mom.
엄마, 그건 제게 너무 작아요.

I like smaller ones.
더 작은 게 좋겠어요.

엄마·아빠의 도전!

〈It's + 형용사〉을 활용하여 도전해보세요!

❶ 그건 너를 위해 좋단다.

_____

❷ 그거 재미있단다.

_____

DAY 024

Track 024

Have a great day!
좋은 하루 보내렴!

아이가 유치원, 학교, 학원을 갈 때 항상 기분 좋은 말로 보내주세요.
그럴 때 `Have~` 를 사용해서 말해주세요.

Have a good day!
좋은 하루!

Have fun!
재미있게 놀아!

Have a great time!
좋은 시간 보내!

Have a good time!
좋은 시간 보내!

Have fun in class!
수업 잘 해!

상황 표현 더하기

Are you ready to leave?
나갈 준비됐니?

You should say goodbye first.
먼저 다녀오겠습니다 해야지.

See you later, sweetie.
이따 보자, 아가야.

Catch you later, sweetheart.
이따 보자, 아가야.

Talk to you later.
나중에 얘기하자.

아이의 응답

Have a great day, mom!
엄마 좋은 하루 되세요!

You too, mom!
엄마도요.

Bye, mom.
다녀올게요, 엄마.

엄마·아빠의 도전!

〈Have~〉를 활용하여 도전해보세요!

❶ 거기서 좋은 하루 보내렴!
✏️ _____

❷ 멋진 시간 보내렴!
✏️ _____

DAY 025

Track 025

Don't forget to call me after school.
학교 끝나면 전화하는 거 잊지 마.

아이가 반드시 해야 할 일을 강조해서 말할 때는 약간 강한 어조로 `Don't forget to+ 동사원형` 의 표현을 이용해서 말하세요.

Don't forget to **do your homework.**
숙제하는 거 잊으면 안 돼.

Don't forget to **bring your cell phone.**
휴대전화 가져가는 거 잊으면 안 돼.

Don't forget to **bring it back.**
그거 다시 가져오는 거 잊으면 안 돼.

Don't forget to **do it again.**
그거 다시 하는 거 잊으면 안 돼.

Don't forget to **lock the door when you leave home.** 집 나갈 때 문 잠그는 거 잊으면 안 돼.

You should remember this.
이거 기억해야 해.

Have you packed your bag?
너 가방 쌌니?

Do you have my number?
엄마 전화번호 알지?

You should be careful when you cross the road.
길 건널 때 조심해야 해.

Remember to come home early.
집에 일찍 오도록 해라.

Yes, I remember that, mom.
네, 그거 기억하고 있어요, 엄마.

Absolutely.
당연하죠.

What is your phone number?
엄마 전화번호가 뭐죠?

엄마·아빠의 도전!

〈Don't forget to + 동사원형〉을 활용하여 도전해보세요!

❶ 제시간에 오는 거 잊으면 안 돼.

❷ 차 조심하는 거 잊으면 안 돼.

DAY 026

What's this?
이게 뭐지?

Track 026

아이와 가장 많은 시간을 보내는 엄마는 일상에 보이는 것을 아이에게 물어보는 습관을 가져야 합니다. 사진이나 TV를 보면서도 질문을 많이 하는 것이 좋습니다.
주로 '사물'일 때는 What 으로 시작하는 의문문으로,
'사람'을 물어볼 때는 Who 로 시작하는 의문문으로 질문하세요.

What's this?
이게 뭐지?

What's that?
저게 뭐지?

What are they?
그것들이 뭐지?

Who is he?
남자 분은 누구지?

Who is she?
여자 분은 누구지?

상황 표현 더하기

What are those things?
그 물건들은 뭐지?

Do you know what that is?
그게 뭔지 알아?

Tell me the name of it.
그것의 이름을 내게 말해보렴.

Do you know the man in the picture?
사진 속에 있는 그 남자 분을 아니?

Do you know who she is?
여자 분이 누구인지 아니?

아이의 응답

That is a crocodile.
그건 악어예요.

They are glasses.
그건 안경이에요.

He is my uncle.
그 분은 제 삼촌이세요.

엄마·아빠의 도전!

〈What~?〉, 〈Who~?〉를 활용하여 도전해보세요!

❶ 봉지 안에 뭐야?

_____

❷ 네 옆에 있는 여자애는 누구니?

_____

DAY 027

Do you like milk?
우유 좋아하니?

Track 027

 하루 5문장!

아이와 생활하면서 항상 아이가 무엇을 좋아하는지 물어보세요. 아주 쉬운 질문부터 시작하면 됩니다. 이때는 주로 `Do you like 명사/동사 ~ing?` 의 표현을 이용하거나 `Do you like to + 동사원형 ~?` 의 표현을 쓰면 됩니다.

Do you like this?
이거 좋아하니?

Do you like the toy?
그 장난감 좋니?

Do you like watching TV?
텔레비전 보는 거 좋아하니?

Do you like to draw a picture?
그림 그리는 거 좋아하니?

Do you like to go swimming?
수영하러 가는 거 좋아하니?

상황 표현 더하기

I bought some bread.
엄마가 빵 좀 사왔어.

Are you thirsty?
목 마르니?

Are you hungry?
배고프니?

I have some cake.
케이크가 좀 있단다.

I'm not sure if you would like it.
네가 그거 좋아할지 잘 모르겠네.

아이의 응답

Yes, I like it very much.
네, 저 그거 아주 좋아해요.

No, not at all.
아니요, 전혀요.

I love it.
저 그거 좋아해요.

엄마·아빠의 도전!

〈Do you like 명사/동사~ing?〉를 활용하여 도전해보세요!

❶ 중국 음식 좋아하니?
　_____

❷ 매운 음식 먹는 거 좋아하니?
　_____

DAY 028

Track 028

I'm not sure if you like this.
네가 이것을 좋아하는지 잘 모르겠네.

 하루 5문장!

아이의 의견이나 상태에 대해서 확신을 갖지 못할 때는
`I'm not sure if 주어+동사~` 의 표현을 이용하여 말해보세요.

I'm not sure if you would like it.
네가 그것을 좋아하는지 잘 모르겠네.

I'm not sure if you're tired.
네가 피곤한지 잘 모르겠네.

I'm not sure if you're hungry.
네가 배고픈지 잘 모르겠네.

I'm not sure if you already know this.
네가 이것을 이미 아는지 모르겠네.

I'm not sure if you're satisfied.
네가 만족하는지 잘 모르겠네.

상황 표현 더하기

I don't know if you would like it.
네가 그것을 좋아하는지 모르겠어.

How about this song?
이 노래 어때?

I have something to eat.
내가 먹을 게 좀 있어.

I have something to drink.
내가 마실 게 좀 있어.

I've got something for your birthday.
네 생일을 위해 뭐 좀 준비했단다.

아이의 응답

I like it so much.
저 그거 되게 좋아해요.

I don't like it.
저 그거 안 좋아해요.

Oh, where did you get that?
오, 그거 어디서 나셨어요?

엄마·아빠의 도전!

〈I'm not sure if 주어+ 동사~〉를 활용하여 도전해보세요!

❶ 네가 숙제를 다했는지 잘 모르겠네.
_____

❷ 네가 새 친구를 좋아하는지 잘 모르겠네.
_____

DAY 029

Track 029

What do you call '코끼리' in English?
영어로 코끼리가 뭐지?

아이에게 영어 단어나 문장을 가르칠 때, 해당 단어나 문장이 영어로 무엇인지를 계속 물어보세요.
그때는 What do you call 한국어 in English? 라는 표현을 써보세요.
그리고 반드시 질문에 대한 답을 영어로 해주세요.

What do you call '곰' in English?
곰이 영어로 뭐지?

It's a bear.
Bear 요.

What do you call '파랑' in English?
파란색이 영어로 뭐지?

It's blue.
blue 요.

What do you call '잘 자' in English?
'잘 자'가 영어로 뭐지?

You can say, 'Good night.'
Good night 이요.

상황 표현 더하기

Do you know what '물' is in English?
물이 영어로 뭔지 아니?

Tell me what '사전' is in English.
사전이 영어로 뭔지 말해보렴.

Your English is pretty good.
너 영어 꽤 잘하는구나.

Could you let me know what '우유' is in English?
우유가 영어로 뭔지 알려줄래?

Do you speak English?
영어 할 수 있니?

아이의 응답

You call '코끼리' elephant in English.
코끼리는 영어로 'elephant'라고 해요.

Absolutely, I know it.
당연히 알죠.

Sorry, I don't know.
아쉽지만 전 몰라요.

엄마·아빠의 도전!

⟨What do you call 한국어 in English?⟩를 활용하여 도전해보세요!

❶ '늦지 마세요'가 영어로 뭔지 아니?
_____

❷ [대답] "Don't be late."라고 하면 된단다.
_____

DAY 030

Track 030

What do you call 'tiger' in Korean?
'tiger'가 한국어로 뭐지?

 하루 5문장!

아이에게 영어 단어나 문장들을 가르쳐준 후 아이가 잘 배우고 있는지 확인하기 위해 한국어의 의미를 계속해서 물어봐주세요. 그때 What do you call 영어 in Korean? 의 표현을 사용하세요. 그리고 반드시 대답도 함께 해주시는 것 잊지 마세요.

What do you call 'blue' in Korean?
'blue'가 한국어로 뭐지?
[대답] 파란색이요.

What do you call 'tell' in Korean?
'tell'이 한국어로 뭐지?
[대답] '말하다'예요.

What do you call 'Take your time.' in Korean?
'Take your time.'이 한국어로 뭐지?
[대답] '천천히 해'예요.

상황 표현 더하기

Do you know what a toy is in Korean?
'toy'가 한국어로 뭔지 아니?

I think you know this word.
나는 네가 이 단어를 알 거 같은데.

Do you know this word?
이 단어 아니?

You know many English words, don't you?
너 영어 단어 많이 알지, 그렇지 않니?

Could you tell me what a tiger is in Korean?
'tiger'가 한국어로 뭔지 내게 말해볼래?

아이의 응답

Yes, of course I know.
네, 저는 당연히 알아요.

Tiger is 호랑이.
Tiger는 호랑이에요.

I don't know.
모르는데요.

엄마·아빠의 도전!

〈What do you call 영어 in Korean?〉을 활용하여 도전해보세요!

❶ 'scissors'가 한국어로 뭐지?
_____

❷ 'Calm down.'이 한국어로 뭐지?
_____

DAY 031

Track 031

Which do you like better, green or blue?
초록색이 더 좋니, 파란색이 더 좋니?

아이가 둘 중에 무언가를 '선택'해야 하는 상황에서는
`Which do you like better, A or B?` 의 표현을 이용해서 물어봐주세요.

Which do you like better, watching TV or listening to music?
TV 보는 게 더 좋니, 음악 듣는 게 더 좋니?

Which do you like better, meat or fish?
고기가 더 좋니, 생선이 더 좋니?

Which do you like better, milk or orange juice?
우유가 더 좋니, 오렌지 주스가 더 좋니?

Which do you like better, candies or chocolates?
사탕이 더 좋니, 초콜릿이 더 좋니?

Who do you like better, your mom or your dad?
엄마가 더 좋니, 아빠가 더 좋니?

 **상황 표현 더하기**

What's your favorite color?
네가 가장 좋아하는 색은 뭐니?

Do you like green better than blue?
너는 파란색보다 초록색이 더 좋니?

Tell me which you like better.
어떤 게 더 좋은지 엄마에게 말해보렴.

You don't like both, do you?
둘 다 싫어하는구나, 그렇지?

You can choose what you like better.
네가 더 좋아하는 것을 고르렴.

 **아이의 응답**

I like green better.
전 초록색이 더 좋아요.

Either is fine.
전 아무거나 좋아요.

Both sounds great.
둘 다 좋아요.

엄마·아빠의 도전!

〈Which do you like better, A or B?〉를 활용하여 도전해보세요!

❶ 장난감이 더 좋니, 책이 더 좋니?
　_____

❷ 치마가 더 좋니, 바지가 더 좋니?
　_____

DAY 032

Be careful!
조심하렴!

아이에게 무언가를 '당부'하거나 아이가 그렇게 해주었으면 하는 경우에
`Be + 형용사` 를 이용한 표현을 써주세요. 그리고 반대의 경우에는
`Don't be + 형용사` 를 써서 말해주세요.

Be confident!
자신감을 가지렴!

Be thoughtful!
신중히 생각하렴!

Be nice!
착하게 굴어야지!

Don't be shy!
부끄러워하지 마!

Don't be late!
늦으면 안 돼!

상황 표현 더하기

You should be more careful.
좀 더 조심해야 해.

You'd better watch out.
조심하는 게 좋을 거야.

You're going to get hurt.
다치겠다.

Are you okay?
괜찮니?

You must have been frightened.
너 놀랐겠구나.

아이의 응답

Yes, mom.
네, 엄마.

Yes, I'll try.
네, 해볼게요.

I got it.
알겠어요.

엄마·아빠의 도전!

〈Be + 형용사〉, 〈Don't be + 형용사〉를 활용하여 도전해보세요!

❶ 친구들과 친하게 지내렴.
_____

❷ 그렇게 못되게 굴면 안 돼.
_____

DAY 033

Track 033

We're going to the market.
우리 시장에 갈 거란다.

원어민은 가까운 미래에 해야 할 일은 주로 **be동사의 현재형 + ~ing** 의 현재진행형으로 말합니다. 우리나라에서는 현재 하고 있는 일을 표현할 때 사용한다고 알고 있는데, '가까운 미래'를 표현할 때도 현재진행형을 말합니다.

We're going to the theater.
우리 극장에 갈 거란다.

We're going to the zoo.
우리 동물원에 갈 거란다.

I'm taking a shower.
엄마 샤워할게.

We're going home.
우리 집에 갈 거란다.

Are you watching TV?
TV 볼 거니?

상황 표현 더하기

You can buy a sketchbook at the market.
시장에서 스케치북 하나 사면 되겠구나.

We have many things to buy.
사야 할 것이 많이 있단다.

Don't forget to put on your jacket!
재킷 입는 거 잊지 마!

We are going to buy milk there.
우리는 거기에서 우유를 살 거란다.

Do you want to go somewhere else?
다른 곳에 가고 싶니?

아이의 응답

That sounds interesting.
재미있겠네요.

What are you going to do, mom?
엄마, 뭐 하실 거예요?

Where are we going, mom?
엄마, 우리 어디 갈 거예요?

엄마·아빠의 도전!

〈be동사의 현재형 +~ing〉를 활용하여 도전해보세요!

❶ 할머니 할아버지랑 함께 저녁 먹을 거란다.

❷ 우리는 놀이터에 갈 거란다.

DAY 034

Track 034

You need to clean up your room.
네 방을 청소해야지.

 **하루 5문장!**

아이가 무언가 해야 할 일이 있을 때 `You need to + 동사원형` 의 표현을 이용해서 말해주세요. 반대의 경우인 "~할 필요가 없다"라는 표현은 `You don't need to + 동사원형` 으로 말하세요.

You need to **hurry up.**
서둘러야 해.

You need to **read this book.**
이 책을 읽어야 해.

You need to **see a doctor.**
병원에 가야 해.

You don't need to **do it again.**
그거 또 할 필요 없어.

You don't need to **get up early on weekends.** 주말에는 일찍 일어날 필요가 없어.

Look! Your room is messy.
보렴! 네 방이 지저분하잖니.

You are a good boy/girl.
너는 착한 아이잖니.

You need to clean your room on your own.
너는 너의 방을 스스로 청소해야 한단다.

You should arrange the bookshelf.
책꽂이를 정리해야지.

I am vacuuming your room.
엄마가 너의 방을 진공청소기로 청소할게.

Yes, I will.
네, 그럴게요.

Sorry, I will do it right away.
죄송해요. 지금 당장 할게요.

Sorry, but I can't do it now.
죄송하지만, 지금은 할 수 없어요.

엄마·아빠의 도전!

⟨You need to + 동사원형⟩, ⟨You don't need to + 동사원형⟩을 활용하여 도전해보세요!

❶ 우리 얘기 좀 하자.

❷ 너는 그것을 할 필요는 없어.

DAY 035

Track 035

I'm about to wash the dishes.
나는 이제 막 설거지하려는 참이란다.

아이가 엄마한테 무엇을 하고 있는지 물어볼 때, "이제 막 ~하려는 참이다"라고 대답하는 경우 `be about to + 동사원형` 의 표현으로 말해주세요.

I'm about to clean the house.
이제 막 집 청소하려는 참이란다.

I'm about to call your dad.
이제 막 네 아빠에게 전화하려는 참이란다.

I'm about to do the laundry.
이제 막 빨래하려는 참이란다.

Your sister is about to give you a hug.
너의 여동생이 너를 안아주려고 하네.

You were about to eat ice cream, weren't you?
너 아이스크림을 방금 막 먹으려고 했지, 그렇지 않니?

상황 표현 더하기

I need to do the dishes now.
엄마는 지금 설거지를 해야 한단다.

I can help you out with your homework after this.
이거 끝내고 나서 너의 숙제를 도와줄게.

You can clean your room while I'm doing dishes.
엄마가 설거지하는 동안에 너는 네 방 청소를 하렴.

Mommy has lots of chores to do.
엄마는 해야 할 집안일이 많단다.

Can you give me a massage after this?
엄마가 이거 다하고 나면 마사지 좀 해주겠니?

아이의 응답

What are you doing now, mom?
지금 뭐하고 계세요, 엄마?

I am about to clean my room.
저는 지금 막 제 방 청소하려는 참이에요.

I can help you with other chores.
제가 다른 집안일을 도와드릴게요.

엄마·아빠의 도전!

〈be about to + 동사원형〉을 활용하여 도전해보세요!

❶ 네게 막 전화하려고 했었어.

✏️ _____

❷ 너 점프하려고?

✏️ _____

DAY 036

Track 036

Do you have a fever?
너 열나니?

 하루 5문장!

아이가 감기에 걸렸거나 어디가 아프다고 하면 증상을 반드시 물어보세요.
그때는 `Do you have a ~?` 의 표현을 이용해서 물어봐주세요.

Do you have a **cold?**
감기 걸렸니?

Do you have a **sore throat?**
목 아프니?

Do you have a **runny nose?**
콧물 나니?

Do you have a **stuffy nose?**
코가 막히니?

Do you have a **cough?**
기침이 나니?

상황 표현 더하기

Are you okay?
괜찮니?

Are you all right?
괜찮니?

You look pale.
너 창백해 보이는구나.

You should go see a doctor.
병원에 가야겠다.

I'll get you some medicine.
엄마가 약 좀 가져올게.

아이의 응답

Mom, I think I have a fever.
엄마, 저 열나는 거 같아요.

I'm fine, mom.
저 괜찮아요, 엄마.

I have a headache, mom.
엄마, 저 머리가 아파요.

엄마·아빠의 도전!

〈Do you have a ~?〉을 활용하여 도전해보세요!

❶ 배 아프니?

_____

❷ 설사하니?

_____

DAY 037

Track 037

It smells good!
냄새가 좋구나!

 하루 5문장!

아이와 대화하면서 사람의 '감각'과 관련된 표현을 하고자 할 때는 감각동사 + 형용사 의 표현을 이용해서 말해보세요.

That sounds great!
멋진데!

You look great today.
너 오늘 멋지다.

I feel good today.
오늘 기분이 좋구나.

It tastes good.
맛이 좋구나.

That sounds strange.
이상하게 들리는구나.

상황 표현 더하기

My mouth is watering.
군침이 도는구나.

Why don't you have some?
좀 먹어보는 게 어떠니?

It makes me hungry.
배고파지네.

Let's order pork cutlets.
돈가스를 주문하자.

How do you like it?
그거 어떠니?

아이의 응답

What are you cooking, mommy?
무슨 요리하세요, 엄마?

It tastes delicious.
맛있어요.

It was so good.
정말 맛있었어요.

엄마·아빠의 도전!

〈감각동사 + 형용사〉를 활용하여 도전해보세요!

❶ 너 오늘 완전 피곤해 보이는구나.

❷ 너 굉장히 신이 나 보이는구나.

DAY 038

Track 038

What do you want to do now?
지금 뭐하고 싶니?

아이에게 하고 싶은 것을 직접 물어보는 경우에는
`What do you want to + 동사원형~?` 의 표현을 이용해서 물어봐주세요.

What do you want to **have for dinner?**
저녁으로 뭐 먹고 싶니?

What do you want to **be in the future?**
미래에 뭐가 되고 싶니?

What do you want to **buy?**
무엇을 사고 싶니?

What do you want to **get?**
무엇을 가지고 싶니?

What do you want to **choose?**
무엇을 고르고 싶니?

상황 표현 더하기

Are you bored?
지루하니?

Do you want to try this?
이거 해보고 싶니?

Why don't we try this movie?
우리 이 영화 볼까?

I want to have a sandwich. How about you?
난 샌드위치 먹고 싶은데, 너는 어때?

You can choose whatever you want.
네가 원하는 것 아무거나 골라도 돼.

아이의 응답

I want to do jigsaw puzzles, mom.
엄마, 저 그림 맞추기 퍼즐 하고 싶어요.

I want to have bread, mom.
엄마, 저 빵 먹고 싶어요.

I want to play with my dad, mom.
엄마, 저 아빠랑 놀고 싶어요.

엄마·아빠의 도전!

〈What do you want to + 동사원형~?〉을 활용하여 도전해보세요!

❶ 크리스마스에 무엇을 받고 싶니?
_____

❷ 이번 주말에 무엇을 하고 싶니?
_____

DAY 039

Track 039

You'd better watch your mouth.
말 조심하는 게 좋을 거야.

 하루 5문장!

아이가 잘못하고 있는 언행에 대해서 특별히 '경고'를 하는 경우에는 `had better + 동사원형`의 표현을 사용합니다. 우리말로는 그냥 "~하는 편이 좋다"의 뜻으로만 번역되지만, 주로 명령이나 경고하는 경우에도 사용합니다. 반대의 경우에는 `had better not + 동사원형`의 표현을 사용합니다.

You'd better tell the truth.
사실대로 말하는 게 좋을 거야.

You'd better go to bed early.
일찍 자는 게 좋을 거야.

You'd better hurry up.
서두르는 게 좋을 거야.

You'd better not cry.
울지 않는 게 좋을 거야.

You'd better not whine.
징징대지 않는 게 좋을 거야.

상황 표현 더하기

Watch your language!
말 조심하렴!

Please be quiet!
조용히 해줄래.

Stop whining.
징징대지 마.

Behave yourself.
얌전히 있으렴.

You are my angel, sweetie.
너는 우리 천사 애기잖니.

아이의 응답

I won't do it again.
다시는 안 할게요.

It's my fault.
제 잘못이에요.

Please forgive me.
용서해주세요.

엄마·아빠의 도전!

〈had better+ 동사원형〉을 활용하여 도전해보세요!

❶ 아빠 오시기 전에 정리하는 게 좋을 거야.
_____

❷ 코트를 입는 게 좋을 거야.
_____

DAY 040

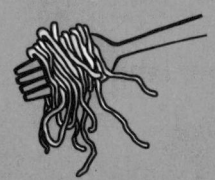

Track 040

Have you tried spaghetti?
스파게티 먹어봤니?

아이에게 '경험'에 대해서 물어볼 때, "~해본 적 있니?"의 의미를 가지고 있는 `Have you tried + 명사~?`, `Have you been to + 명사~?` 표현을 이용해서 물어봐주세요. 동사를 다양하게 사용해도 좋지만 그냥 명사만 간단하게 써도 의미를 충분히 전달할 수 있답니다.

Have you tried Kimchi?
김치 먹어봤니?

Have you tried this book?
이 책 읽어봤니?

Have you tried this?
이거 해봤니?

Have you been to Lotte World?
롯데월드 가봤니?

Have you been to the zoo?
동물원 가봤니?

Do you like pork?
돼지고기 좋아하니?

Why don't you have some?
좀 먹어보는 게 어때?

This chicken is also awesome. Try this.
이 치킨도 끝내준다. 먹어봐.

Try some of these.
이것들 좀 먹어봐.

I bet you'll like this.
네가 이거 좋아할 게 분명해.

Yes, I have.
네, 먹어봤어요.

No, I haven't.
아니요, 못 먹어봤어요.

I've never had such delicious food!
저는 그렇게 맛있는 음식을 먹어본 적이 없어요!

엄마·아빠의 도전!

〈Have you tried + 명사~?〉를 활용하여 도전해보세요!

❶ 놀이공원 가봤니?
_____

❷ 이 운동화 신어 봤니?
_____

프로젝트 03

항상 아이에게
"Mommy!", "Daddy!"라는 말을 해주세요!

아이가 이미 엄마, 아빠가 누구인지 알고 있을지라도, 아이와 이야기할 기회가 있을 때마다 엄마, 아빠임을 말해주세요.

저는 도현이가 잠에서 깨자마자 저를 볼 때, 그리고 평상시에 저를 볼 때, 심지어는 밖에서 전화 통화를 할 때도 항상 "I'm your daddy.(아빠야.)"라고 하였습니다. 그랬더니 어느 날 도현이가 제게 먼저 "Daddy!"라고 하는 것이 아니겠어요! 그 감동의 순간을 잊을 수 없답니다.

지금 분명히 도현이는 제가 자신의 daddy 임을 알고 있답니다. 기억하세요! 항상 "Mommy!", "Daddy!"라는 말을 써야 한다는 것을요.

항상 아이의
눈을 보고 말하세요!

우리나라의 많은 학생들이 영어 회화를 할 때, 시선을 사람을 향해 던지는 것이 아니라, 눈을 위로 치켜뜨고 영어를 말하는 모습을 자주 볼 수 있습니다. 이것은 모든 경우라고 할 수는 없지만 대부분의 경우를 보면, 미리 암기한 문장을 머리 위쪽으로 띄어 놓고 읽으려는 잘못된 습관 때문입니다.

그래서 항상 아이와 말할 때는 서로 눈을 마주 보고 말하는 습관을 길러주는 것이 중요합니다. 혹시 아이가 다른 곳을 보고 말하고 있다면, 항상 이야기해주세요; "Look at your mom, please.(엄마를 봐야지.)"

DAY 041

Track 041

Get on the elevator.
엘레베이터에 타렴.

아이와 함께 엘리베이터나 에스컬레이터, 또는 교통수단을 탈 때에는 `get` 동사를 이용해서 표현해 주세요. 주로 `get on` 이나 `get into` 의 표현을 이용해서 말해보세요.

Get into **a car.**
차에 타렴.

Get into **a taxi.**
택시에 타렴.

Get on **the bus.**
버스에 타렴.

Get on **the escalator.**
에스컬레이터를 타렴.

Get on **the train.**
기차에 타렴.

Can you hold the elevator for a second?
잠깐만 엘리베이터 잡아줄래?

Watch your step when you get on.
탈 때 발 조심해.

Do you know what floor we are going to?
우리가 몇 층 가는지 아니?

You shouldn't lean on the door.
문에 기대면 안 돼.

Let's get off.
내리자.

Mom, the elevator is here.
엄마, 엘리베이터 왔어요.

What floor do I press, mom?
엄마, 제가 몇 층 누를까요?

I'll push the button, mom.
제가 버튼 누를게요, 엄마.

엄마·아빠의 도전!

〈get〉 동사를 활용하여 도전해보세요!

1 우리 차에서 내리자.

2 우리 여기서 나가자.

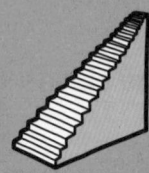

Why don't we take the stairs?
우리 계단으로 갈까?

아이에게 무언가를 함께 하자고 '제안'할 때는
`Why don't we + 동사원형~?` 의 표현을 이용해서 말해주세요.

Why don't we **draw a circle?**
우리 원을 그려볼까?

Why don't we **go to the supermarket?**
우리 슈퍼에 갈까?

Why don't we **take a bath together?**
우리 같이 목욕할까?

Why don't we **clean up the living room?**
우리 거실 청소할까?

Why don't we **read a book?**
우리 책 읽을까?

The elevator is full.
엘리베이터가 만원이구나.

Going up the stairs is good exercise.
계단 오르기는 좋은 운동이란다.

Hold my hand tightly.
엄마 손 꼭 잡아야지.

One step at a time, OK?
한 번에 한 계단씩 올라야지, 알았지?

Be careful not to slip on the stairs.
계단에서 미끄러지지 않도록 조심하렴.

That sounds great, mom!
좋아요, 엄마!

Phew, I'm out of breath.
후유, 숨이 차요.

Mom, my legs hurt. Let's just take the elevator.
엄마, 다리가 아파요. 그냥 엘리베이터 타요.

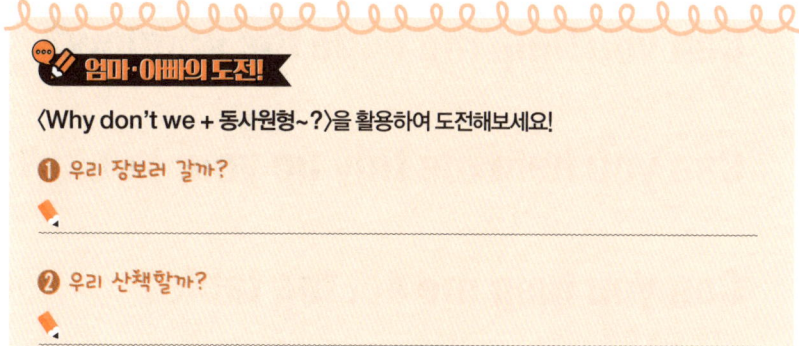

〈Why don't we + 동사원형~?〉을 활용하여 도전해보세요!

❶ 우리 장보러 갈까?

❷ 우리 산책할까?

DAY 043

Track 043

Can you help me find my cell phone?
내 휴대전화 찾는 것 좀 도와줄래?

엄마가 일을 하다가 아이에게 도움을 요청할 때는 `Can you help me + 동사원형~?` 의 표현을 써서, "엄마가 ~하는 것 좀 도와줄래?"라고 해 보세요.

Can you help me **move this box?**
이 상자 옮기는 것 좀 도와줄래?

Can you help me **sweep the floor?**
바닥 쓰는 것 좀 도와줄래?

Can you help me **wipe the window?**
창문 닦는 것 좀 도와줄래?

Can you help me **tidy up your books?**
네 책들 정리하는 것 좀 도와줄래?

Can you help me **set the table?**
상 차리는 것 좀 도와줄래?

상황 표현 더하기

Can you give me a hand?
엄마 좀 도와줄 수 있니?

You can help me.
엄마 좀 도와줘.

I need your help.
네 도움이 필요해.

Do you think you can help me?
엄마 좀 도와줄 수 있니?

I want you to help me.
네가 엄마 좀 도와줬으면 좋겠네.

아이의 응답

Yes, I can.
네, 알겠어요.

No, I can't, mom. I'm busy at the moment.
안 돼요, 엄마. 저 지금 바빠요.

Not right now, mom.
지금은 안 돼요, 엄마.

엄마·아빠의 도전!

〈Can you help me + 동사원형~?〉을 활용하여 도전해보세요!

❶ 아빠가 바닥 닦는 것 좀 도와줄래?

❷ 엄마가 식탁 치우는 것 좀 도와줄래?

DAY 044

Track 044

Do you know where your bag is?
네 가방 어디 있는지 아니?

아이에게 어떤 '사실'을 알고 있냐고 물어보는 경우에
`Do you know + 의문사 + 주어 + 동사~?` 의 표현으로 물어봅니다.
어떤 '방법'을 알고 있냐고 물어보는 경우에는
`Do you know how to + 동사~?` 의 표현으로 물어봐주세요.

Do you know where **your dad is?**
네 아빠 어디 계시는지 아니?

Do you know where **I put my cell phone?**
엄마가 휴대전화 어디에 두었는지 아니?

Do you know how to **draw a triangle?**
삼각형 그릴 줄 아니?

Do you know how to **swim?**
수영할 줄 아니?

Do you know how to **turn this on?**
이거 켤 줄 아니?

Did you see where I put your bag?
엄마가 네 가방을 어디에 두었는지 봤니?

Could you tell me where your bag is?
네 가방 어디에 있는지 말해줄래?

I can't find your bag. Do you know where it is?
네 가방을 못 찾겠어. 어디에 있는지 아니?

Could you let me know where your bag is?
네 가방이 어디에 있는지 말해줄래?

Do you remember where you put your bag?
너는 네 가방을 어디에 두었는지 기억나니?

Yes, mom. I saw it on the desk.
네, 엄마. 저 그거 책상 위에서 봤어요.

No, I have no idea.
아니요, 모르겠는데요.

Well, I'm sure it's not in my room.
글쎄요, 제 방에는 확실히 없어요.

엄마·아빠의 도전!

〈Do you know where + 주어 + 동사 ~?〉,
〈Do you know how to + 동사 ~?〉를 활용하여 도전해보세요!

❶ 내가 네 코트를 어디에 두었는지 아니?

❷ 이 노트북 어떻게 끄는 줄 아니?

DAY 045

Track 045

What a boy!
정말 착한 아이구나!

 하루 5문장!

아이의 예쁜 모습을 보거나 아이의 행동이 마음에 들었을 때, 또는 멋진 풍경, 예쁜 사물을 보는 경우에는 '감탄문'을 이용해서 말해주세요.
`What a + (형용사) + 명사 + (주어) + (동사)!` 로 된 표현을 사용해보세요.

What a **great singer you are!**
노래 정말 잘하네!

What a **fast runner!**
정말 잘 달리는구나!

What a **beautiful flower!**
꽃 정말 예쁘구나!

What a **pretty bird!**
새가 정말 예쁘구나!

What **nice weather!**
날씨 정말 좋구나!

상황 표현 더하기

I think you're a good singer.
너 노래 잘하는 것 같아.

I think you're a good swimmer.
너 수영 잘하는 것 같아.

I think you're a good girl.
넌 착한 아이 같아.

Did you make this?
이거 네가 만들었니?

Good job!
참 잘했단다!

아이의 응답

Did you hear me sing a song, mommy?
엄마, 제가 노래하는 거 들으셨어요?

Look, mommy. This is what I've made.
보세요, 엄마. 이게 제가 만든 거에요.

Do I look good, mommy?
엄마, 저 괜찮아요?

엄마·아빠의 도전!

〈What a + (형용사) + 명사!〉를 활용하여 도전해보세요!

❶ 강아지 정말 예쁘구나!
　_____

❷ 모자 정말 예쁘구나!
　_____

How pretty!
정말 예쁘구나!

How + 형용사 + (주어) + (동사)! 표현은 또 다른 '감탄문'입니다.
아이에게 아낌없이 감탄의 표현을 해주어, 엄마의 사랑을 듬뿍 받고 있음을
느끼게 해 주세요.

How beautiful you are!
너 정말 예쁘구나!

How cute it is!
그거 정말 귀엽구나!

How kind!
정말 친절하구나!

How big!
정말 크구나!

How exciting!
정말 재미있구나!

상황 표현 더하기

Did you paint this?
이거 네가 칠했니?

You look really pretty today.
너 오늘 정말 예쁘구나.

You look great in your new jacket.
새 재킷 너한테 잘 어울리네.

Thank you for helping me.
나를 도와줘서 고마워.

I'm proud of you!
나는 네가 자랑스럽구나!

아이의 응답

Do I look okay, mom?
엄마 저 괜찮아요?

Mom, I helped my sister clean her room.
엄마 제가 누나 방 치우는 거 도와줬어요.

Thanks, mom.
엄마 고맙습니다.

엄마·아빠의 도전!

〈How + 형용사 + (주어) + (동사)!〉를 활용하여 도전해보세요!

❶ 아주 편하구나!

✏️ _____

❷ 아주 어렵구나!

✏️ _____

DAY 047

Track 047

Don't touch it!
그거 만지지 마!

 하루 5문장!

아이에게 무엇을 하지 못하게 '금지'를 할 때는
`Don't + 동사원형`의 표현을 이용해서 단호하게 말해주세요.

Don't drink it.
그거 마시지 마.

Don't do that.
그거 하지 마.

Don't bother your brother.
네 동생 괴롭히지 마.

Don't tear the book.
책 찢지 마.

Don't cry.
울지마.

상황 표현 더하기

It's very dangerous.
그거 매우 위험하단다.

You should be very careful.
매우 조심해야지.

You can get hurt so much.
너 많이 다칠 수도 있단다.

Stop it!
그거 그만해.

Enough!
이제 그만.

아이의 응답

Yes, mom.
네, 엄마.

I got it.
알겠어요.

Sorry, I won't.
죄송해요, 안 할게요.

엄마·아빠의 도전!

〈Don't + 동사원형〉을 활용하여 도전해보세요!

❶ 벽에 그림 그리지 마.

❷ 형하고 싸우지 마.

DAY 048

Track 048

I don't know if you like it.
네가 그거 좋아하는지 모르겠네.

아이가 어떤 것을 좋아하는지, 또는 아이가 해야 할 일을 했는지를 물어보는 경우에는
`I don't know if + 주어 + 동사` 의 표현을 이용해서 말해주세요.

I don't know if you like bananas.
네가 바나나 좋아하는지 모르겠구나.

I don't know if you like your new shoes.
네가 너의 새 신발 좋아하는지 모르겠구나.

I don't know if you like this blue color.
네가 이 파란색을 좋아하는지 모르겠구나.

I don't know if you did your homework.
네가 숙제를 했는지 모르겠구나.

I don't know if you have a fever.
네가 열이 있는지 모르겠구나.

What's your favorite color?
네가 가장 좋아하는 색깔이 뭐니?

Do you like watermelon?
수박 좋아하니?

What kind of food do you like?
어떤 음식을 좋아하니?

What do you want to buy?
무엇을 사고 싶니?

Tell me if it's not okay for you.
그게 좋지 않으면 엄마에게 말하렴.

I like this very much.
저 이거 되게 좋아해요.

My favorite color is pink.
제가 가장 좋아하는 색깔은 분홍색이에요.

I really love it, mommy.
엄마, 저 그거 아주 좋아해요.

엄마·아빠의 도전!

〈I don't know if + 주어 + 동사〉를 활용하여 도전해보세요!

❶ 네가 아빠에게 전화했는지 모르겠구나.
_____

❷ 네가 내일 아침 일찍 일어날 수 있을지 모르겠구나.
_____

DAY 049

Track 049

Are you interested in this book?
너 이 책에 관심이 있니?

아이에게 "~에 흥미가 있니?"라고 물어보는 경우에는
`Are you interested in + 명사/동사 ~ing?` 의 표현을 이용해서 말해주세요.

Are you interested in **this puppy?**
이 강아지에 관심이 있니?

Are you interested in **learning English?**
영어 공부하는 데에 흥미가 있니?

Are you interested in **math?**
수학에 흥미가 있니?

Are you interested in **doing it?**
그거 하는 거에 관심이 있니?

Are you interested in **those toys?**
그 장난감들에 관심이 있니?

상황 표현 더하기

Tell me what you are interested in.
네가 무엇에 관심이 있는지 말해보렴.

What are you interested in?
너는 무엇에 관심이 있니?

How about this bike?
이 자전거 어때?

Why do you like it?
그게 왜 마음에 드니?

Do you want to try this?
이거 한 번 해볼래?

아이의 응답

Yes, I am.
네, 관심 있어요.

No, I'm not interested in it.
아니요, 전 그거 관심 없어요.

Absolutely!
당연하죠!

엄마·아빠의 도전!

〈Are you interested in + 명사/동사 ~ing?〉를 활용하여 도전해보세요!

❶ 이 로봇에 관심이 있니?

_____

❷ 바이올린 연주에 관심이 있니?

_____

DAY 050

Track 050

What did you do?
너 뭐했니?

 **하루 5문장!**

아이에게 이미 한 일에 대해서 구체적으로 물어볼 때는 `What did you + 동사원형~?` 의 표현을 이용해서 말해주세요.

What did you **have for lunch?**
점심으로 뭐 먹었니?

What did you **buy?**
무엇을 샀니?

What did you **bring?**
무엇을 가지고 갔니?

What did you **make?**
무엇을 만들었니?

What did you **give to your friend?**
네 친구에게 무엇을 주었니?

You saw the movie.
영화 봤구나.

Tell me what you did at school.
학교에서 뭐 했는지 말해보렴.

Did you have dinner?
저녁 먹었니?

Did you go to the department store?
백화점에 갔었니?

Did you join your friend's birthday party?
친구 생일 파티에 갔었니?

I had Gimbap for lunch.
점심으로 김밥 먹었어요.

I bought some chocolates.
초콜릿을 좀 샀어요.

I made this toy.
이 장난감을 만들었어요.

엄마·아빠의 도전!

〈What did you + 동사원형~?〉을 활용하여 도전해보세요!

❶ 학교에서 뭐 배웠니?

❷ 스케치북에 무엇을 그렸니?

DAY 051

Why did you do that?
왜 그렇게 했니?

아이가 한 일에 대해서 그 '이유'를 물어보는 경우에는
`Why did you + 동사원형~?` 의 표현을 이용해서 말해주세요.

Why did you **buy it**?
그건 왜 샀니?

Why did you **miss the class**?
왜 수업 빼먹었니?

Why did you **fight with your friend**?
왜 친구랑 싸웠니?

Why did you **go there**?
왜 거기에 갔었니?

Why didn't you **tell me**?
왜 나한테 말하지 않았니?

상황 표현 더하기

I heard you fought with your friend.
너 친구랑 싸웠다고 들었어.

What happened?
무슨 일이니?

Tell me why you did so.
왜 그렇게 했는지 엄마에게 말해보렴.

There should be some reasons.
분명히 어떤 이유가 있을 거잖니.

You'd better apologize to him.
그 애에게 사과하는 게 좋겠다.

아이의 응답

He made fun of me.
그 애가 저를 놀렸어요.

Because I got so angry.
왜냐하면 제가 너무 화가 났었거든요.

To make him stop bothering me.
그 애가 저를 괴롭히지 않게 하려고요.

엄마·아빠의 도전!

〈Why did you + 동사원형~?〉을 활용하여 도전해보세요!

❶ 왜 아빠한테 전화했었니?
_____

❷ 왜 어젯밤에 늦게 잤니?
_____

DAY 052

How did you do that?
그거 어떻게 했니?

아이가 한 일에 대해서 그 '방법'을 물어보는 경우에는
`How did you + 동사원형~?` 의 표현을 이용해서 말해주세요.

How did you turn it on?
그거 어떻게 켰니?

How did you open the window?
창문을 어떻게 열었니?

How did you find me?
나를 어떻게 찾았니?

How did you get there?
거기 어떻게 갔니?

How did you know that?
그거 어떻게 알았니?

상황 표현 더하기

You did a good job.
너 정말 잘했어.

Did you do that by yourself?
네가 직접 한 거니?

I think you have a talent for art.
네가 미술에 재능이 있는 것 같구나.

Tell me how to do it.
그거 어떻게 하는 것인지 말해주렴.

You're excellent!
너 끝내주는구나!

아이의 응답

I did it on my own.
제가 그것을 저 스스로 했어요.

My teacher taught me.
우리 선생님이 가르쳐줬어요.

My dad helped me.
아빠가 도와주셨어요.

엄마·아빠의 도전!

〈How did you + 동사원형~?〉을 활용하여 도전해보세요!

❶ 여기 어떻게 찾았니?

✎ _____

❷ 이거 어떻게 만들었니?

✎ _____

DAY 053

Track 053

When did you get up?
언제 일어났니?

아이가 한 일에 대해서 그 '시간'을 물어보는 경우에는
`When did you + 동사원형~?` 의 표현을 이용해서 말해주세요.

- **When did you have breakfast?**
  아침 언제 먹었니?

- **When did you finish your homework?**
  언제 숙제 끝냈니?

- **When did you do that?**
  그거 언제 했니?

- **When did you go there?**
  거기 언제 갔었니?

- **When did you take a bath?**
  언제 목욕했니?

You got up so early.
정말 일찍 일어났구나.

You look tired.
너 피곤해 보이는구나.

Did you have breakfast?
아침 먹었니?

You must be hungry.
배고프겠구나.

Do you have something special today?
오늘 뭐 특별한 일 있니?

I got up at 7 in the morning.
저 아침 일곱 시에 일어났어요.

An hour ago.
한 시간 전이요.

I need to go to school earlier today.
오늘은 학교에 좀 더 일찍 가야 해요.

엄마·아빠의 도전!

〈When did you + 동사원형~?〉을 활용하여 도전해보세요!

❶ 언제 낮잠 잤니?

❷ 언제 할머니 뵀니?

DAY 054

Track 054

Where did you buy it?
그거 어디서 샀니?

아이가 한 일에 대해서 그 '장소'를 물어보는 경우에는
`Where did you+ 동사원형~?` 의 표현을 이용해서 말해주세요.

Where did you have lunch?
어디서 점심 먹었니?

Where did you put your socks?
네 양말 어디에 두었니?

Where did you get them?
그것들 어디서 났니?

Where did you go?
어디 갔었니?

Where did you find it?
그거 어디서 찾았니?

상황 표현 더하기

You bought colored pencils.
너 색연필 샀구나.

I think this is a new notebook.
이거 새로운 공책 같은데.

Did you get it from the stationery store?
문방구에서 그거 샀니?

It looks pretty good.
그거 되게 좋아 보인다.

I like your new pencil case.
네 새 필통이 예쁘구나.

아이의 응답

My aunt bought this for me.
우리 이모께서 이거 사주셨어요.

One of my friends gave it to me.
친구가 그것을 줬어요.

I bought it at the store.
가게에서 그것을 샀어요.

엄마·아빠의 도전!

〈Where did you + 동사원형~?〉을 활용하여 도전해보세요!

❶ 그거 어디에 두었니?

❷ 친구들이랑 어디서 축구했니?

Are you trying to do your best?
너는 최선을 다하고 있는 거지?

Track 055

아이에게 "~하려고 애쓰고(노력하고) 있니?"라고 물어보는 경우에는
`Are you trying to + 동사원형~?` 의 표현을 이용해서 말해주세요.

Are you trying to study hard?
공부 열심히 하고 있는 거지?

Are you trying to finish it?
그것을 끝내려고 하는 거지?

Are you trying to understand?
이해하려고 하는 거지?

Are you trying to catch it?
그거 잡으려고 하는 거지?

Are you trying to do it by yourself?
그것을 너 스스로 하려고 노력하고 있지?

Do your best.
최선을 다하렴.

What are you doing?
뭐하는 중이니?

I believe you can do it.
엄마는 네가 그것을 할 수 있다고 믿는단다.

Do you understand what I'm saying?
내가 하는 말 알아듣겠니?

Do you follow me?
내 말 알아듣겠니?

Yes, I'm trying.
네, 노력하고 있어요.

No, I'm not. Sorry.
아니요. 죄송해요.

Yes, but it's difficult to understand.
네, 그런데 이해하기 어려워요.

엄마·아빠의 도전!

〈Are you trying to + 동사원형~?〉을 활용하여 도전해보세요!

❶ 나를 설득하려고 하고 있는 거니?
_____

❷ 그 문제를 풀려고 노력하는 거지?
_____

DAY 056

What were you doing?
뭐하고 있는 중이었니?

Track 056

 **하루 5문장!**

아이에게 방금 전에 무엇을 하고 있었는지에 대해서 물어볼 때는
`What were you + 동사~ing?` 라는 표현을 이용해서 말해주세요.
그리고 그 대답은 `I was + 동사~ing` 표현을 쓴다는 것도 함께 말해주세요.

What were you listening to?
뭐 듣고 있었니?

What were you watching?
뭐 보고 있었니?

What were you talking about?
무엇에 관해서 말하고 있었니?

I was taking some pictures.
엄마는 사진 좀 찍고 있는 중이었단다.

I was cooking for dinner.
엄마는 저녁 식사 요리를 하고 있는 중이었단다.

Were you reading a book?
책 읽고 있었니?

Were you cleaning up your room?
네 방 청소하고 있었니?

I heard some noises from your room.
네 방에서 나는 어떤 소음을 들었는데.

Did you hear me call your name?
내가 네 이름 부르는 거 들었니?

I called you many times.
내가 너를 여러 번 불렀단다.

What were you doing, mom?
엄마는 뭐하고 계시는 중이었어요?

I was reading a book.
저 책 읽고 있는 중이었어요.

I was watching TV.
저 TV 보고 있는 중이었어요.

엄마·아빠의 도전!

〈What were you + 동사 ~ing?〉를 활용하여 도전해보세요!

❶ 무엇을 먹고 있었니?

❷ 무엇을 생각하고 있었니?

Are you good at singing?
너 노래 잘하니?

Track 057

아이에게 어떤 것을 잘하는지 물어볼 경우에는 `Are you good at + 명사/동사~ing?` 의 표현을 이용해서 말해주세요.

Are you good at **math**?
수학 잘하니?

Are you good at **speaking English**?
영어 말하기 잘하니?

Are you good at **playing the piano**?
피아노 잘 치니?

Are you good at **playing soccer**?
축구 잘하니?

Are you good at **swimming**?
수영 잘하니?

상황 표현 더하기

What are you good at?
너는 무엇을 잘하니?

Do you like dancing?
춤추는 거 좋아하니?

Are you interested in singing?
노래하는 거에 관심 있니?

You're really good at it!
너 그거 정말 잘하는구나!

I hope you do what you like to do.
나는 네가 하고 싶은 것을 하길 바란다.

아이의 응답

Yes, I'm good at singing.
네, 저 노래 잘해요.

No, I'm not.
아니요, 못해요.

I've never tried.
저 한 번도 안 해봤어요.

엄마·아빠의 도전!

⟨Are you good at + 명사/동사~ing?⟩를 활용하여 도전해보세요!

❶ 컴퓨터 게임 잘하니?

❷ 줄넘기 잘하니?

DAY 058

Track 058

Try not to think about it.
그것에 대해서 생각하지 않도록 해보렴.

 하루 5문장!

아이에게 "~을 하지 않도록 해보렴."이라고 할 경우에는
`Try not to + 동사원형` 의 표현을 이용해서 말해주세요.

Try not to scratch.
긁지 않으려고 해보렴.

Try not to do it again.
그걸 다시 하려고 하지 말아봐.

Try not to make a mistake.
실수하지 않으려고 노력해봐.

Try not to stop it.
그걸 멈추려고 하지 말아봐.

Try not to talk too much.
너무 많이 말하려고 하지 말아봐.

상황 표현 더하기

What's your problem?
네 문제가 뭐니?

Forget about it!
잊어버려.

Don't worry about it.
걱정하지 마.

It will work out well.
잘 될 거야.

Have a good sleep, and it will be okay.
잠을 잘 자면, 괜찮아질 거야.

아이의 응답

Yes, I will try not to.
네, 안 하도록 할게요.

Yes, thank you.
네, 고마워요.

Is it possible?
그게 가능할까요?

엄마·아빠의 도전!

〈Try not to + 동사원형〉을 활용하여 도전해보세요!

❶ 늦지 않으려고 노력하렴.

_____

❷ 패스트푸드를 너무 많이 먹지 않도록 하렴.

_____

DAY 059

Track 059

I'll see if I can do that.
내가 그거 할 수 있는지 알아볼게.

아이가 어떤 질문을 했을 때 바로 답을 해주기 어려운 경우 "엄마가 ~하는지 알아볼게."의 의미인
`I'll see if + 주어 + 동사~` 의 표현을 이용해서 말해주세요.

I'll see if your daddy is free.
아빠가 한가하신지 알아볼게.

I'll see if I can make a reservation.
엄마가 예약할 수 있는지 알아볼게.

I'll see if there are some seats left.
자리가 좀 남아 있는지 알아볼게.

I'll see if I can get some tickets.
엄마가 표를 좀 구할 수 있는지 알아볼게.

I'll see if your daddy can fix it.
아빠가 그거 고치실 수 있는지 알아볼게.

상황 표현 더하기

Do you want me to help you?
내가 도와주길 바라니?

I guess I can help you out.
엄마가 너를 도와줄 수 있을 거 같은데.

I'm not sure yet.
아직은 확실히 모르겠구나.

I'll let you know once I get it.
엄마가 알게 되면 너에게 알려줄게.

If you want to go there, I'll see if your daddy is free.
네가 거기 가고 싶다면, 아빠가 한가하신지 알아볼게.

아이의 응답

Mom, can we go to the zoo this Sunday?
엄마, 우리 이번 주 일요일에 동물원 갈 수 있어요?

Can we go to see a movie tomorrow?
우리 내일 영화 보러 갈 수 있어요?

Can we go on a picnic this weekend?
우리 이번 주말에 소풍 갈 수 있어요?

엄마·아빠의 도전!

〈I'll see if + 주어 + 동사~〉를 활용하여 도전해보세요!

❶ 아빠 집에 계신지 알아볼게.

❷ 아빠가 우리를 백화점까지 태워다줄 수 있는지 알아볼게.

DAY 060

Track 060

It's time for school.
학교 갈 시간이네.

아이에게 "~할 시간이다."라고 말할 때, 앞에서 배운 `It's time to+ 동사원형` 의 표현과 함께 `It's time for + 명사/동사~ing` 의 표현도 많이 사용해서 말해주세요.

It's time to take a bath.
목욕할 시간이네.

It's time to go home.
집에 갈 시간이네.

It's time for lunch.
점심 먹을 시간이네.

It's time for bed.
잘 시간이네.

It's time for taking a break.
휴식할 시간이네.

Hurry up!
서둘러!

You are in a hurry.
너 급하단다.

You look very busy.
너 되게 바빠 보이네.

Why are you so busy?
너 왜 그렇게 바쁘니?

Are you late?
너 늦었니?

Mom, I'm late.
엄마, 저 늦었어요.

Oh, I'm in such a hurry.
오, 저 완전 서둘러야 해요.

I'm not late for school.
저 학교에 늦지 않았어요.

엄마·아빠의 도전!

〈It's time for + 명사/동사~ing〉를 활용하여 도전해보세요!

❶ 저녁 준비할 시간이네.
_____

❷ 빨래할 시간이네.
_____

프로젝트 05

아이의 관심을 유발시켜주세요!

항상 아이가 엄마의 말에 관심을 가질 수 있도록 먼저 말을 걸어주세요. 저는 항상 저희 도현이를 깨울 때는 "Good morning!(좋은 아침!)"과 함께 "Did you have a good sleep?(잘 잤니?)"라고 물어보면서 아이의 관심을 끄는 노력을 했습니다.

또한 일어나는 아이의 기분을 물어보기 위해서 "How are you?(기분이 어떠니?)"라고 하였습니다. 또 아이의 표정이 좋지 않으면 "Are you sick?(아프니?)", "Do you have a problem?(무슨 문제 있니?)", 또는 "You must be tired.(너 피곤하구나!)" 등의 질문을 통해서 아이가 제 말에 관심을 갖도록 하였습니다. 그랬더니 도현이가 조금씩 반응을 보이기 시작했습니다.

아이가 반응을 보인다는 것은 관심을 갖는다는 것이고, 곧 엄마가 하고 있는 말을 알아듣고 있다는 증거입니다. 아이가 영어를 잘하기 바라신다면 여러분이 먼저 관심을 보여주세요.

프로젝트 06

아이의 대답을 미리 말해보세요!

아이가 처음부터 영어로 대답할 것이라는 기대는 잠시 접어두세요. 아이에게 영어로 어떤 질문을 하고 나서 아이의 반응을 기다리기 보다는 먼저 그 질문에 대한 답을 먼저 말해주세요.

예를 들어, 엄마가 공을 들고, **"Do you know what this is?"**(이것이 무엇인지 아니?)"라고 물어볼 때, 아이가 답을 영어로 모른다면, 먼저 답을 말해주세요. **"It's a ball**(공이란다)."라고요. 그리고 그 대답을 3~4번 정도 반복해서 말해주세요.

이러한 과정을 통해서, 아이는 공이 영어로 무엇인지를 자연스럽게 인식하게 됩니다. 그리고 이러한 상황이 반복되고 다음에 같은 질문을 하면, 자연스럽게 엄마보다 아이가 먼저 대답하는 모습을 볼 수 있을 것입니다.

DAY 061

Track 061

It's hot today, isn't it?
오늘 덥지, 그렇지 않니?

 하루 5문장!

아이에게 '확인'이나 '동의'를 바라는 경우에, 부가의문문 을 이용해서 말해주세요. 긍정문의 콤마(,) 뒤에는 부정의 부가의문문으로 말하고, 부정문의 콤마(,) 뒤에는 긍정의 부가의문문으로 말합니다. 그리고 긍정의문문, 부정의문문에 상관없이, 대답의 내용이 '긍정'이면 Yes , '부정'이면 No 로 대답하면 됩니다.

It's cold today, isn't it?
오늘 춥지, 그렇지 않니?

You're sleepy, aren't you?
너 졸리지, 그렇지 않니?

You had lunch, didn't you?
너 점심 먹었지, 그렇지 않니?

You can help me, can't you?
너 나 도와줄 수 있지, 그렇지 않니?

You aren't tired, are you?
너 안 피곤하지, 그렇지?

You look exhausted.
너 많이 지쳐 보이는구나.

We'd better open the window.
창문을 여는 게 좋겠구나.

Let me turn on the air conditioner.
엄마가 에어컨 좀 틀어줄게.

You are sweating. You should take a shower.
땀이 나는구나. 샤워하렴.

Do you want some water?
물 좀 마실래?

Yes, it's too hot today.
네, 오늘 너무 덥네요.

Yes, I'm sweating.
네, 저 땀이 나요.

No, it's not that hot.
아니요, 그렇게 덥지는 않아요.

엄마·아빠의 도전!

〈부가의문문〉을 활용하여 도전해보세요!

❶ 엄마 기다려줄 거지, 그렇지 않니?

❷ 동물원 간 거 기억나지, 그렇지 않니?

DAY 062

Didn't you have dinner?
저녁 안 먹었지?

Track 062

아이에게 어떤 상황이나 내용에 관한 질문을 할 때 아이가 그럴 것이라고 어느 정도 확신하는 경우에는 `부정의문` 을 사용해서 말해주세요. 부정의문문도 부가의문문과 마찬가지로, 대답의 내용이 '긍정'이면 `Yes` , '부정'이면 `No` 로 대답합니다.

Aren't you hungry?
배고프지 않니?

Aren't you tired?
피곤하지 않니?

Didn't you have breakfast?
아침 안 먹었겠지?

Don't you get up early?
일찍 일어나지 않니?

Don't you like coke?
콜라 안 좋아하지?

상황 표현 더하기

You must be hungry.
배고프겠구나.

Let me set the table for you.
엄마가 밥상 차려줄게.

What do you want to eat for dinner?
저녁으로 뭐 먹고 싶니?

You want some Bulgogi, don't you?
너 불고기 먹고 싶지, 그렇지 않니?

Do you want some more?
더 먹을래?

아이의 응답

Yes, I had some with my friends.
아니요, 저 친구들이랑 먹었어요.

No, I haven't eaten yet.
네, 저 아직 안 먹었어요.

Of course not.
물론 아니에요.

엄마·아빠의 도전!

〈부정의문문〉을 활용하여 도전해보세요!

❶ 너 그렇게 생각하지 않니?

❷ 너 지금 공부해야 한다고 생각하지 않니?

DAY 063

Track 063

Do you remember my phone number?
내 전화번호 기억하니?

아이에게 무엇을 기억하냐고 물어보는 경우에는 `Do you remember ~?` 이라는 표현을 이용하여 말해주세요.

Do you remember who she is?
너는 그녀가 누군지 기억하니?

Do you remember him?
그 남자 분 기억하니?

Do you remember your address?
너희 주소 기억하니?

Do you remember how much you paid for it?
그거 얼마 주고 샀는지 기억나니?

Do you remember where you put your watch?
네 시계 어디에 두었는지 기억나니?

상황 표현 더하기

I saved my phone number on your phone.
네 전화기에 엄마 번호를 저장해 두었단다.

Call me when you finish school.
학교 끝나면 전화하렴.

You can call me when you're done.
네가 다하면 전화주렴.

You should call me when you are lost.
길 잃으면 엄마한테 전화해야 해.

You'd better remember the address as well.
주소도 함께 기억하는 게 좋겠다.

아이의 응답

Yes, I remember it.
네, 그거 기억해요.

No, I don't remember it.
아니요, 그거 기억이 안 나요.

Sorry, I forgot it.
미안해요, 저 잊어버렸어요.

엄마·아빠의 도전!

〈Do you remember ~?〉을 활용하여 도전해보세요!

① 내가 몇 살인지 기억하니?

② 네 생일이 언제인지 기억하니?

DAY 064

Track 064

I'll get you something to drink.
너에게 마실 것 좀 가져다줄게.

아이에게 무엇을 사다주겠다고 말하는 경우나 무엇을 가져다주겠다고 말하는 경우에는 I'll get you ~ 의 표현을 사용해서 말해주세요.

I'll get you something to eat.
엄마가 너에게 먹을 것 좀 사다줄게.

I'll get you some milk.
엄마가 너에게 우유 좀 사다줄게.

I'll get you some medicine.
엄마가 너에게 약을 좀 갖다줄게.

I'll get you a towel.
엄마가 너에게 수건 한 장 가져다줄게.

I'll get you your bag.
엄마가 너에게 가방을 가져다줄게.

You are sweating.
너 땀을 흘리고 있구나.

You must be thirsty.
너 목이 마르겠구나.

Which do you like better, milk or orange juice?
우유랑 오렌지 주스 중 뭐가 더 좋니?

A glass of water is okay for you?
물 한 잔이 좋겠니?

You should drink enough water.
충분한 물을 마셔야 한단다.

Thank you so much.
너무 감사합니다.

It will be great.
좋죠.

That sounds good.
좋죠.

엄마·아빠의 도전!

〈I'll get you ~〉를 활용하여 도전해보세요!

❶ 내가 너에게 간식거리 좀 가져다줄게.
_____

❷ 내가 너에게 색종이를 좀 사다줄게.
_____

What's your favorite food?
네가 가장 좋아하는 음식이 뭐니?

아이에게 '가장 좋아하는 것'이 무엇인지를 물어보는 경우에는
`What's your favorite + 명사?` 의 표현을 사용해서 말해주세요.

What's your favorite **color**?
네가 가장 좋아하는 색깔이 뭐니?

What's your favorite **book**?
네가 가장 좋아하는 책이 뭐니?

What's your favorite **game**?
네가 가장 좋아하는 게임이 뭐니?

What's your favorite **animal**?
네가 가장 좋아하는 동물이 뭐니?

What's your favorite **song**?
네가 가장 좋아하는 노래가 뭐니?

You said you like Bulgogi before, didn't you?
너는 전에 불고기가 좋다고 말했지, 그렇지 않니?

I can make it for you today.
엄마가 오늘 너를 위해서 그것을 만들어줄게.

What do you like the most?
무엇을 가장 좋아하니?

Why do you like it most?
그것을 왜 가장 좋아하니?

My mouth is watering.
군침이 도는구나.

My favorite food is Japchae.
제가 가장 좋아하는 음식은 잡채에요.

I like everything.
저는 다 좋아요.

Well, I don't have anything special in mind.
글쎄요, 저는 특별히 생각나는 게 없네요.

엄마·아빠의 도전!

〈What's your favorite + 명사?〉를 활용하여 도전해보세요!

❶ 네가 가장 좋아하는 과목이 뭐니?

❷ 네가 가장 좋아하는 과일은 뭐니?

DAY 066

Does it hurt?
아프니?

아이에게 어디가 아픈지를 물어보는 경우에는
`Do/Dose + 신체 부위 + hurt?` 의 표현을 이용해서 말해주세요.

Does your arm hurt?
팔이 아프니?

Do your legs hurt?
다리가 아프니?

Does your head hurt?
머리가 아프니?

Does your finger hurt?
손가락 아프니?

Do your teeth hurt?
이가 아프니?

상황 표현 더하기

Does it hurt here?
여기가 아프니?

Do you feel pain here?
여기가 아프니?

You must feel pain here.
너 여기가 아프구나.

Does it hurt if I press here?
내가 여기를 누르면 아프니?

Where does it hurt?
어디가 아프니?

아이의 응답

Yes, it hurts badly.
네, 심하게 아파요.

My legs are killing me.
저 다리 아파 죽겠어요.

Not at all.
전혀 아프지 않아요.

엄마·아빠의 도전!

〈Do/Dose + 신체 부위 + hurt?〉를 활용하여 도전해보세요!

❶ 허리 아프니?

❷ 배 아프니?

Are you okay?
너 괜찮니?

Track 067

아이가 이상하거나 뭔가 문제가 있는 것 같아 보이는 경우에는
"괜찮니?"의 표현인 Are you okay? 라고 하면 됩니다.
또한 아래에 있는 다양한 표현들을 사용해서 아이에게 관심을 표현해주세요.

What's wrong?
문제 있니?

What's wrong with you?
문제 있니?

What's your problem?
뭐가 문제니?

What's the matter with you?
무슨 문제 있니?

What's bothering you?
뭐가 문제니?

상황 표현 더하기

Do you have a problem?
문제 있니?

You look strange today.
너 오늘 이상해 보이는구나.

Tell me if you have a problem.
문제 있으면 엄마에게 말하렴.

Let me help you out.
엄마가 도와줄게.

I'll take care of it.
엄마가 그거 처리해줄게.

아이의 응답

I have a toothache.
저 이가 아파요.

I have no problem, mom.
저 아무 문제 없어요, 엄마.

I'm fine.
저 괜찮아요.

엄마·아빠의 도전!

〈문제에 대한 걱정이나 안부를 물어보는 표현〉을 활용하여 도전해보세요!

❶ 친구랑 무슨 문제 있니?
_____

❷ 새 컴퓨터에 무슨 문제 있니?
_____

DAY 068

That's great!
그거 끝내준다!

아이에게 '칭찬'을 해주는 경우에는 다음과 같은 다양한 표현을 사용해서 말해주세요.
칭찬은 아이의 학습 효과를 크게 높여주므로, 아낌없이 칭찬해주세요.

You did a good job!
참 잘했어!

You look terrific!
너 완전 멋지다!

That's awesome!
그거 멋진데!

That's cool.
그거 멋진데.

Excellent!
잘했어!

상황 표현 더하기

You're the best.
네가 최고구나.

Good job!
잘했어!

You're better than me.
네가 엄마보다 더 잘하네.

I'm so proud of you.
엄마는 네가 너무 자랑스럽단다.

How could you do that?
그거 어떻게 한 거니?

아이의 응답

Mom, do I look good?
저 멋져요?

Did I do good, mom?
저 잘했어요, 엄마?

Thanks, mom. I'm your son.
고마워요. 엄마 아들이잖아요.

엄마·아빠의 도전!

〈칭찬〉의 표현을 활용하여 도전해보세요!

❶ 너 오늘 정말 멋지구나!
✎ _____

❷ 너 오늘 정말 눈부시구나!
✎ _____

Here you are.
여기 있단다.

아이에게 무언가를 건네줄 때는 주로 `Here you are`, `Here they are`, `Here it is`. 또는 `Here you go` 등의 표현을 이용해서 말해주세요. 구체적인 이름을 직접 언급할 때는 해당되는 단어를 그냥 넣어주면 됩니다.

Here you are.
여기 있단다.

Here they are.
여기 있단다.

Here it is.
여기 있단다.

Here you go.
여기 있단다.

Here's the cookie.
과자 여기 있단다.

Do you want me to pass the chopsticks?
엄마가 젓가락을 건네줄까?

I can't reach it.
엄마 팔이 안 닿네.

Could you give it to me?
그것 나한테 줄래?

Here is your umbrella. Don't forget to bring it.
여기 네 우산이 있단다. 가져가는 거 잊지 마.

Here are some coins.
여기 동전이 좀 있단다.

Could you pass me the spoon, mom?
엄마 숟가락 좀 건네주시겠어요?

Could you pick it up please, mommy?
그것 좀 집어주시겠어요, 엄마?

Thank you, mom.
고마워요, 엄마.

엄마·아빠의 도전!

〈Here is~〉 표현을 활용하여 도전해보세요!

❶ 네 공책 여기 있다.

❷ 네가 찾던 책 여기 있다.

What day is it today?
오늘이 무슨 요일이지?

아이에게 매일매일 그날이 무슨 요일인지, 그리고 며칠인지를 물어보세요.
그럴 때는 아래와 같은 표현을 써보세요.

What date is it today?
오늘이 몇 일이지?

What's the date today?
오늘이 며칠이지?

What day was it yesterday?
어제 무슨 요일이었지?

What day is your ballet class?
발레 수업이 무슨 요일이니?

What date are you going on your field trip?
너의 체험학습이 며칠이니?

상황 표현 더하기

Take a look at the calendar.
달력을 봐보렴.

T.G.I.F. (Thank God, it's Friday)!
즐거운 금요일이구나.

Oh, it's the day you should go to the dentist.
아, 오늘 너 치과 가야 하는 요일이구나.

I like Monday.
엄마는 월요일이 좋단다.

Oh, it's already Friday.
오, 벌써 금요일이구나.

아이의 응답

It's Wednesday.
수요일이요.

Today is Thursday.
오늘은 목요일이에요.

It's Sunday tomorrow.
내일이 일요일이에요.

엄마·아빠의 도전!

〈요일, 날짜〉 표현을 활용하여 도전해보세요!

❶ 어제가 며칠이었지?

✎ _____

❷ 오늘이 화요일이지, 그렇지 않니?

✎ _____

DAY 071

Track 071

Can you guess what it is?
그게 뭔지 맞춰볼래?

아이에게 무언가를 생각해서 맞춰보라는 '추측을 권유'할 경우에는
`Can you guess ~?` 의 표현을 이용해서 물어보세요.

Can you guess what I like?
엄마가 뭐 좋아하는지 맞춰볼래?

Can you guess what I've got?
엄마가 무엇을 가지고 있는지 맞춰볼래?

Can you guess what I bought for you?
엄마가 너를 위해서 무엇을 사왔는지 맞춰볼래?

Can you guess where your dad is?
너희 아빠가 어디 계신지 맞춰볼래?

Can you guess what's inside the box?
그 상자에 무엇이 있는지 맞춰볼래?

상황 표현 더하기

Guess what?
맞혀봐!

Do you know what it is?
너 그게 뭔지 아니?

Guess what I have for you.
엄마가 너를 위해 무엇을 준비했는지 맞춰보렴.

You can never guess.
넌 정말 모를 거야.

Come on, you already know about this.
어서 해보렴. 너는 이미 알고 있단다.

아이의 응답

I have no idea.
전 모르겠어요.

I guess it's a toy.
장난감 같은데요.

Please tell me what it is.
뭔지 얘기해주세요.

엄마·아빠의 도전!

〈Can you guess ~?〉를 활용하여 도전해보세요!

❶ 그게 얼마인지 맞춰볼래?

✎ _____

❷ 저 남자 분이 누군지 맞춰볼래?

✎ _____

DAY 072

Track 072

How do you like your eggs?
계란을 어떻게 요리해줄까?

아이에게 어떠한 것을 물어보면서 그것이 마음에 드는지를 물어보거나
음료, 음식 등의 '취향'을 물어보는 경우에, " ~이 어떠니?", " ~을 어떻게 해줄까?"의 의미인
How do you like ~? 를 이용해서 물어보세요.

How do you like these apples?
이 사과들 어떠니?

How do you like this movie?
이 영화 어떠니?

How do you like your new teacher?
새로 오신 선생님 어떠니? (마음에 드니?)

How do you like your steak?
스테이크 어떻게 구워줄까?

How do you like this song?
이 노래 어떠니? (마음에 드니?)

상황 표현 더하기

Do you want me to cook a fried egg?
계란프라이 해줄까?

You like hard-boiled eggs, don't you?
너 삶은 달걀 좋아하지, 그렇지 않니?

Don't you like your egg half-cooked?
달걀을 반숙으로 해주는 거 좋아하지 않니?

Try this.
이거 먹어보렴.

Oh, I've forgotten that you are allergic to eggs.
아, 네가 달걀에 알레르기 있는 걸 깜박했구나.

아이의 응답

You know I like hard-boiled eggs, don't you?
삶은 달걀 좋아하는 거 아시죠, 그렇지 않나요?

I'd like my egg sunny side up, please.
계란프라이 해주세요.

Oh, it looks yummy. Thanks, mom.
아 맛있겠어요. 고마워요, 엄마.

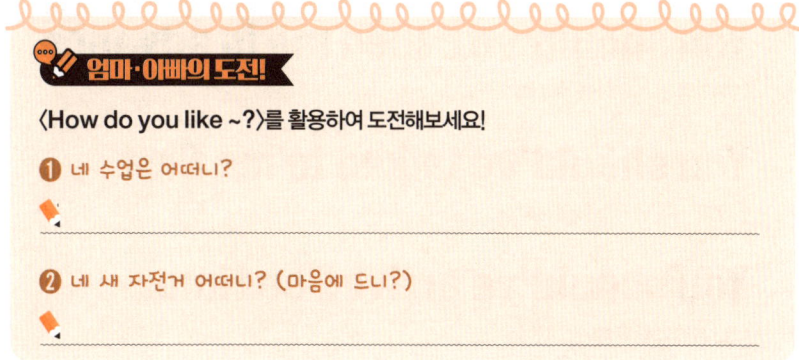

엄마·아빠의 도전!

〈How do you like ~?〉를 활용하여 도전해보세요!

❶ 네 수업은 어떠니?

❷ 네 새 자전거 어떠니? (마음에 드니?)

DAY 073

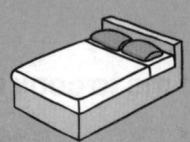

Track 073

You should've gone to bed early.
넌 일찍 잤어야 했어.

아이에게 그렇게 했어야 했는데 하지 못한 것에 대한 '아쉬움이나 후회'를 말하는 경우에는 `주어 + should have p.p. ~` 의 표현을 이용해서 말해주세요.

You should've gotten up early.
넌 일찍 일어났어야 했어.

You should've left earlier.
넌 좀 더 일찍 떠났어야 했어.

You should've called me in advance.
엄마한테 미리 전화했어야 했어.

You should've talked to me first.
넌 엄마에게 먼저 말했어야 했어.

You should've arrived on time.
너는 제때에 도착했어야 했어.

상황 표현 더하기

What's wrong? You look very tired.
무슨 일이니? 너 무지 피곤해 보이는데.

When did you go to bed last night?
어젯밤에 몇 시에 잤니?

Oh, you're going to miss the bus.
이런, 버스 놓치겠다.

Don't go dozing off in the middle of class.
수업 도중에 졸지 마.

You really should get enough sleep.
너 정말로 충분한 잠을 자야 한단다.

아이의 응답

I had a lot of homework to do.
해야 할 숙제가 너무 많았어요.

I'm so sleepy, mom.
엄마, 너무 졸려요.

I won't stay up too late at night.
밤에 너무 늦게까지 깨어 있지 않을 거에요.

✏️ 엄마·아빠의 도전!

〈주어 + should have p.p. ~〉를 활용하여 도전해보세요!

❶ 넌 그 약을 먹었어야 했어.
✏️
_____

❷ 넌 네 친구에게 잘해줬어야 했어.
✏️
_____

DAY 074

Whose is this?
이거 누구의 것이니?

아이에게 어떠한 것이 누구의 것이냐고 '소유'에 관해서 물어보는 경우에는
Whose is this/that/it? 으로 말합니다. 직접적으로 물건을 언급해서 물어보는 경우에는
Whose + 명사 + is this/that/it? 의 표현을 이용해서 말해주세요.

Whose is it?
그거 누구 것이니?

Whose cat is this?
이거 누구 고양이니?

Whose birthday is it?
누구 생일이니?

Whose car is that?
저 차 누구의 것이니?

Whose turn is it?
누구 차례지?

Is it yours?
그거 네 것이니?

Does it belong to you?
그거 네 것이니?

Who put this book on my desk?
누가 이 책을 내 책상 위에 두었니?

I think it's yours.
이거 네 것 같은데.

Where is mine?
내 것은 어디에 있니?

It's mine.
제 거예요.

It belongs to me.
제 거예요.

I guess it's daddy's.
아빠 거 같은데요.

엄마·아빠의 도전!

〈Whose + 명사 + is this/that/it?〉을 활용하여 도전해보세요!

❶ 그것은 누구의 생각이었니?

✎ _____

❷ 그것은 누구의 잘못이니?

✎ _____

DAY 075

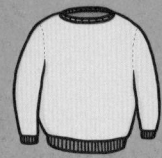

Track 075

Be sure to dress warmly.
반드시 따뜻하게 입으렴.

아이들에게 "~하는 것을 잊지 마라." 또는 "꼭(반드시) ~하라."고 당부하는 경우에는 `Be sure to + 동사원형`이나 `Make sure to + 동사원형`을 이용해서 말해주세요.

Be sure to **lock the door.**
반드시 문 잠그렴.

Be sure to **give me a call after school.**
학교 끝나면 반드시 엄마에게 전화하렴.

Be sure to **wash your hands before meals.**
식사 전에는 반드시 손을 씻으렴.

Make sure to **come home early.**
꼭 집에 일찍 오렴.

Make sure to **do your homework.**
숙제 꼭 하렴.

It's freezing outside.
밖에 굉장히 추워.

It's going to be very cold in the evening.
저녁에 엄청 추워질 거란다.

You are sensitive to cold.
너 추위를 많이 타잖니.

It's easy to catch a cold if you go outside like that.
그렇게 나가면 감기에 걸리기 쉽단다.

Don't forget to wear a muffler, as well.
목도리 하는 것도 잊지 마.

Yes, mom. I will.
네, 엄마. 그럴게요.

I'll keep that in mind, mom.
명심할게요, 엄마.

You can trust me, mom.
엄마, 저를 믿으세요.

엄마·아빠의 도전!

〈Be sure to + 동사원형〉, 〈Make sure to + 동사원형〉을 활용하여 도전해보세요!

❶ 꼭 든든히 껴입으렴.

❷ 안전띠 꼭 매렴.

DAY 076

Track 076

Look, there are birds in the sky.
봐, 하늘에 새들이 날고 있네.

하루 5문장!

아이에게 "~이 있다, 없다"를 말해주는 경우나 "얼마나 있는지"를 말해주는 경우에는
`There is/are + 단수명사/복수명사` 의 표현을 이용해서 말해주세요.

There is **a dog in front of the store.**
가게 앞에 강아지가 한 마리 있네.

There is **some milk in the bottle.**
병에 우유가 조금 있단다.

There are **some cars on the street.**
길에 차들이 몇 대 있단다.

There are **four people in our family.**
우리 가족은 네 명이란다.

There are **many clothes in the closet.**
옷장 안에 옷이 많단다.

상황 표현 더하기

How many birds are flying in the sky?
하늘에 몇 마리의 새가 날고 있지?

Can you count them one by one?
한 마리씩 세어볼까?

Can you guess what kind of birds they are?
어떤 종류의 새들인지 알겠니?

Tell me what kind of birds those are.
저 새들의 종류를 말해보렴.

They are beautiful!
예쁘구나!

아이의 응답

There are three birds in the sky.
세 마리의 새가 하늘에 있어요.

Yes, there are!
네, 있어요!

They are magpies!
저것들은 까치에요!

엄마·아빠의 도전!

〈There is/are + 단수명사/복수명사〉를 활용하여 도전해보세요!

❶ 병 안에 아무것도 남아 있지 않네.

_____

❷ 선반 위에 컵이 몇 개 있단다.

_____

DAY 077

Track 077

Are you in the mood for singing?
노래 부르고 싶니?

아이가 어떤 것을 하고 싶은 기분이 드는지 물어볼 때, Are you in the mood for + 명사/동사~ing? 의 표현을 이용해서 말하도록 알려주세요.

Are you in the mood for **dancing**?
춤추고 싶니?

Are you in the mood for **hot chocolate**?
코코아 먹고 싶니?

I'm in the mood for **pizza**.
피자 먹고 싶다.

I'm in the mood for **taking a bath**.
목욕하고 싶구나.

I'm in the mood for **watching a DVD**.
DVD 영화 한 편 보고 싶구나.

상황 표현 더하기

You look bored. Let's do something!
너 지루해 보이는구나. 무언가 해보자!

Let's sing a song together.
함께 노래 부르자꾸나.

Let me put on a CD for you.
엄마가 너를 위해 CD를 틀어줄게.

You can dance with the music playing.
나오는 음악에 맞춰서 춤을 춰보렴.

What do you want to do?
뭐 하고 싶니?

아이의 응답

Yes, I feel like singing.
네, 노래 부르고 싶어요.

No, I'm in the mood for playing with clay.
아니요, 저 찰흙 가지고 놀고 싶어요.

I'm in the mood for playing soccer.
저는 축구하고 싶어요.

엄마·아빠의 도전!

〈Are you in the mood for + 명사/동사 ~ing?〉를 활용하여 도전해보세요!

❶ 너는 외식하고 싶니?

❷ 너는 피아노 치고 싶니?

DAY 078

Track 078

No wonder you were late.
그래서 늦었구나.

아이에게 "그래서 ~하는 게 당연하다, 놀랄 일이 아니다"라는 당연함을 이야기할 때, `No wonder + 완벽한 문장` 의 표현을 이용해주세요.

- **No wonder you have a pain here.**
  그래서 여기가 아프구나.

- **No wonder you got angry.**
  그래서 화가 났구나.

- **No wonder you are so happy.**
  그래서 매우 기쁜 거구나.

- **No wonder you pout.**
  그래서 삐친 거구나.

- **No wonder you were disappointed.**
  네가 실망했던 게 당연하구나.

상황 표현 더하기

Why were you so late?
왜 이렇게 늦었니?

What took you so long?
왜 이렇게 늦었니?

Did you oversleep?
너 늦잠 잤니?

Were you stuck in traffic?
차가 막혔니?

Did you miss the bus?
버스 놓쳤니?

아이의 응답

The class finished later than usual.
수업이 평소보다 늦게 끝났어요.

I was stuck in traffic, mom.
엄마, 차가 막혔어요.

I overslept, mom.
엄마, 저 늦잠 잤어요.

엄마·아빠의 도전!

〈No wonder + 완벽한 문장〉을 활용하여 도전해보세요!

❶ 그래서 혼났구나.
　▸ _____

❷ 그래서 형하고 말 안 했구나.
　▸ _____

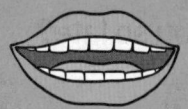

What's her name?
그 애 이름이 뭐니?

아이에게 항상 누군가의 이름을 자주 물어봐주는 것이 좋습니다. 꼭 사람이 아니더라도 아이가 이름을 알고 있는 것의 이름을 물어봐주세요.
그런 경우에는 What's 소유격 name? 의 표현을 이용해 말해주세요.

What's your name?
너의 이름이 뭐지?

What's your mom's name?
너의 엄마 이름이 뭐지?

What's your dad's name?
너의 아빠 이름이 뭐지?

What's your sister's name?
너의 누나 이름이 뭐지?

What's your dog's name?
너의 강아지 이름이 뭐지?

상황 표현 더하기

What's your best friend's name?
너의 가장 친한 친구 이름이 뭐지?

Who are you talking about?
누구에 대해 말하고 있는 거니?

Have you met her before?
전에 저 여자애 본 적 있니?

Do you know the girl standing over there?
저기에 서 있는 여자애 아니?

I don't know who she is.
나는 그 여자애를 모르겠구나.

아이의 응답

Her name is Sue.
그 애의 이름은 Sue예요.

I don't remember her name.
그 애의 이름이 기억나지 않아요.

I don't know who you are talking about.
저는 엄마가 누구를 말하고 계시는지 모르겠어요.

엄마·아빠의 도전!

〈What's 소유격 name?〉을 활용하여 도전해보세요!

❶ 너의 할머니 성함이 어떻게 되지?

❷ 너의 선생님 성함이 뭐지?

DAY 080

Track 080

Who is taller?
누가 더 크지?

아이에게 비교하는 표현을 가르치는 경우에 '비교급'을 이용해서 말해주세요.
'사람'을 비교하는 경우에는 Who is + 비교급? 을 사용하고,
'사물'을 비교하는 경우에는 Which is + 비교급? 의 표현을 이용해서 말해주세요.

- **Who is prettier, your English teacher or your sister?** 누가 더 예쁘니, 영어 선생님 아니면 언니?

- **Who is older, you or your brother?**
  누가 나이가 더 많지, 너 아니면 네 형이니?

- **Which is larger, Korea or Canada?**
  어디가 더 크지, 한국 아니면 캐나다?

- **Which is faster, a train or an airplane?**
  어떤 게 더 빠르지, 기차 아니면 비행기?

- **Which is bigger, this or that?**
  어떤 게 더 크지, 이거 아니면 저거?

상황 표현 더하기

How tall are you?
너 키가 얼마니?

Let me measure your height.
엄마가 너의 키를 재볼게.

He is a little bit taller than you.
그 애가 너보다 조금 더 크구나.

You are getting taller and taller!
너 키가 점점 크는구나!

You are going to be taller than me soon!
엄마보다 금세 키가 크겠구나!

아이의 응답

I guess I'm taller than him.
제가 그 애보다 큰 거 같아요.

I want to get even taller than now.
지금보다 훨씬 더 크고 싶어요.

I'm growing well thanks to you.
엄마 덕분에 제가 잘 자라고 있어요.

엄마·아빠의 도전!

⟨Who is + 비교급?⟩, ⟨Which is + 비교급?⟩을 활용하여 도전해보세요!

❶ 누가 더 잘 생겼니?

❷ 어떤 게 더 재미있니, 수학 아니면 영어?

프로젝트 07

엄마가 하는 행동을 영어로 말해주세요!

스스로 영어를 잘하지 못한다고 생각하여, 엄마가 하는 행동을 영어로 말하기가 너무 어려운 미션이라고 생각하지 마세요. 먼저 아주 쉬운 문장부터 시작하면 됩니다.

예를 들어, 청소기를 돌리고 있을 때, 아이가 엄마를 보고 있다면 "Your mom is cleaning.(엄마 청소중이란다.)"라고 말해주면 됩니다. 물론 "Your mom is vacuuming.(엄마는 진공청소기로 청소하고 있단다.)"의 정확한 표현은 좀 더 어려울 수 있지만, 어려운 문장은 차근차근 배워서 사용하면 됩니다.

중요한 것은 항상 엄마가 영어로 이야기하고 있음을 주지시켜주는 것입니다. 그러면 자연스럽게 아이는 엄마가 하는 행동을 볼 때마다, 영어로 어떻게 표현할 수 있는지 생각하게 된답니다. 자, 지금 이 순간부터 여러분의 아이의 영어 감각 향상을 위해서, 하고 있는 행동을 영어로 말해주세요. 지금 무엇을 하고 계시죠?!

프로젝트 08

아이가 하고 있는 행동에 대해 영어로 물어보세요!

엄마가 하고 있는 행동을 영어로 어떻게 표현할 수 있는지 말해주듯이, 아이가 하고 있는 행동에 대해서 물어봐주세요. 질문할 때는 문장의 앞이나 뒤에 '아이의 이름'이나 "sweetie(아가야.)" 등을 붙여서 친근하게 말해주세요.

그리고 아이가 답을 못하고 있다면 먼저 말해주세요. 저는 도현이가 찰흙을 가지고 노는 모습을 보았을 때, 먼저 "What are you doing, sweetie?(뭐 하고 있니, 아가야?)"라고 물어봅니다. 그리고 아이가 저를 쳐다보고 있을 때는 제가 먼저 "You're playing with clay.(너는 찰흙을 가지고 놀고 있구나.)"라고 항상 말해주었습니다. 그랬더니 제가 "Where is clay?(찰흙이 어디 있어?)"라고 물어봤더니 도현이가 찰흙을 가지고 오더라고요.

What a surprise!(정말 놀라운 일이죠!)

DAY 081

Track 081

It's important to be polite.
예의를 지키는 것은 중요하단다.

아이에게 "~하는 것이 중요하다"라고 말해주는 경우에는
`It's important to + 동사원형~` 의 표현을 이용해서 말해주세요.

- **It's important to get up early.**
  일찍 일어나는 것은 중요하단다.

- **It's important to go to bed early.**
  일찍 자는 것은 중요하단다.

- **It's important to keep your promise.**
  너의 약속을 지키는 것은 중요하단다.

- **It's important to study English.**
  영어를 공부하는 것은 중요하단다.

- **It's important to read many books.**
  많은 책을 읽는 것은 중요하단다.

상황 표현 더하기

You shouldn't be rude.
무례하게 굴어서는 안 된단다.

You should respect elderly people.
노인들을 공경해야 한단다.

Behave yourself to seniors!
어른들께 예의 바르게 행동하렴!

Be nice to your parents!
부모님께 잘하렴!

Bow and show respect to elders.
고개 숙여 인사해서 어른들께 존경을 보여 드리렴.

아이의 응답

OK, mommy. I'm a good boy.
네, 엄마. 저는 착한 아이잖아요.

Yes, I got it.
네, 알겠어요.

I gave a bow to the guard, mommy.
엄마, 제가 경비 아저씨께 인사드렸어요.

엄마·아빠의 도전!

〈It's important to + 동사원형~〉을 활용하여 도전해보세요!

❶ 손을 씻는 것은 중요하단다.

❷ 자신을 믿는 것은 중요하단다.

DAY 082

Track 082

Feel free to talk to me.
내게 편하게 말하렴.

 하루 5문장!

아이에게 어떤 일이나 행동을 주저하지 말고 편하게 하라고 말해주는 경우에는
`Feel free to + 동사원형~` 의 표현을 이용해서 말해주세요.

Feel free to call me anytime.
엄마에게 언제든지 편하게 전화하렴.

Feel free to contact me.
엄마에게 편하게 연락하렴.

Feel free to use it.
그거 편하게 쓰렴.

Feel free to ask any questions.
어떤 질문이든 편하게 물어보렴.

Feel free to say no.
아니면 아니라고 편하게 말하렴.

상황 표현 더하기

Can I talk to you for a second?
잠깐 얘기 좀 할 수 있을까?

May I ask you a question?
뭐 하나 물어봐도 되겠니?

I'm all ears.
엄마가 잘 듣고 있단다.

You're not alone, sweetie. Talk to me.
넌 혼자가 아니란다. 엄마에게 말해보렴.

I'm always on your side.
엄마는 언제나 네 편이란다.

아이의 응답

Thank you for saying so, mom.
그렇게 말씀해주셔서 감사해요, 엄마.

I've got something to tell you.
엄마에게 할 말이 좀 있어요.

How kind of you!
정말 친절하시네요!

엄마·아빠의 도전!

〈Feel free to + 동사원형~〉을 활용하여 도전해보세요!

❶ 먹고 싶은 건 어떤 것이든 편하게 먹으렴.
　

❷ 내게 편하게 물어보렴.

DAY 083

Track 083

If I were you, I wouldn't do that.
내가 너라면 난 그렇게 안 할 거야.

 하루 5문장!

아이가 해야 할 일이나 하기 싫은 일을 하도록 유도하거나 충고할 때는
`If I were you, I would + 동사원형~` 의 표현을 이용해서 말해주세요.
그리고 아이가 이미 한 일에 대해서 유감스러워하거나 앞으로는 하지 않았으면 할 때는
`If I were you, I wouldn't + 동사원형~` 의 표현을 이용해서 말해주세요.

If I were you, I would do that.
내가 너라면 그렇게 할 거야.

If I were you, I would be nice to your brother. 내가 너라면 네 동생에게 잘해줄 거야.

If I were you, I wouldn't miss the class.
내가 너라면 그 수업 안 빠질 거야.

If I were you, I wouldn't tell a lie.
내가 너라면 거짓말 안 할 거야.

If I were you, I wouldn't have a fight.
내가 너라면 안 싸울 거야.

Why did you tell a lie to me?
왜 내게 거짓말했니?

You can do better than that!
너는 더 잘할 수 있지 않니.

You won't do that again, will you?
너는 다시는 안 그럴 거지, 그렇지?

You should calm down.
진정해.

Don't disappoint me.
엄마를 실망시키지 마.

I couldn't help it.
어쩔 수 없었어요.

I couldn't stand it anymore.
더는 참을 수 없었어요.

Sorry, I won't ever do it again.
죄송해요. 다시는 그러지 않을게요.

엄마·아빠의 도전!

〈If I were you, I wouldn't + 동사원형~〉을 활용하여 도전해보세요!

① 내가 너라면 그런 짓은 안 할 거야.
_____

② 내가 너라면 네 동생을 괴롭히지 않을 거야.
_____

DAY 084

Don't make me angry.
나를 화나게 하지 마.

아이에게 "나를 ~하게 하지 마라"라고 말하는 경우에는
`Don't make me + 형용사/동사원형~` 의 표현을 이용해서 말해주세요.
그리고 "네가 나를 ~하게 한다"라고 말하는 경우에는 `You make me + 형용사/동사원형~` 의
표현을 이용해서 말해주세요.

Don't make me say it again.
엄마가 그것을 다시 말하게 하지 마.

Don't make me confused.
엄마 헷갈리게 하지 마.

Don't make me annoyed.
엄마 화나게 하지 마.

You make me very happy.
엄마를 매우 기쁘게 하는구나. (너 때문에 기뻐.)

You make me smile.
엄마를 웃게 하는구나. (너 때문에 웃는구나.)

상황 표현 더하기

Who did this?
이거 누가 했니?

How many times do I have to tell you?
내가 몇 번이나 너에게 얘기해야 되겠니?

Stop teasing your sister!
네 여동생 괴롭히지 마.

You shouldn't have done it.
너는 그러지 말았어야 했어.

Promise me not to do that.
그렇게 하지 않겠다고 약속하렴.

아이의 응답

I'll never do that again.
다시는 안 그럴게요.

You have my word.
절 믿어주세요.

It's not fair, mom. It's not my fault.
불공평해요, 엄마. 제 잘못이 아니란 말이에요.

엄마·아빠의 도전!

〈You make me + 형용사/동사원형~〉을 활용하여 도전해보세요!

❶ 너는 그것 때문에 엄마가 미안하게 만드는구나.

❷ 너는 엄마를 정말 기분 좋게 하는구나.

Is it okay if I turn off the light?
내가 불 꺼도 괜찮겠니?

아이에게 "엄마가 ~을 해도 괜찮겠니?"라고 동의를 구할 때는
Is it okay if I + 동사~? 의 표현을 이용해서 말해주세요.

Is it okay if I ask you a very simple question?
엄마가 아주 간단한 질문 하나 해도 괜찮겠니?

Is it okay if I open the window for a while?
엄마가 잠깐 창문을 열어도 괜찮겠니?

Is it okay if I talk to your dad about it?
엄마가 그 문제에 대해서 아빠와 얘기해도 괜찮겠니?

Is it okay if I put this away?
엄마가 이거 치워도 괜찮겠니?

Is it okay if I throw it away?
엄마가 그거 버려도 괜찮겠니?

상황 표현 더하기

Turn off the light when you go to bed.
잠잘 때는 불을 끄렴.

It's time to go to bed.
잠잘 시간이네.

Are you done?
다했니?

Are you ready?
준비됐니?

Have a good sleep.
잘 자렴.

아이의 응답

Go ahead, mom.
그러세요, 엄마.

No, I have something to do, mom.
안 돼요, 전 할 게 있어요, 엄마.

Oh, let me do it.
아, 제가 할게요.

엄마·아빠의 도전!

〈Is it okay if I + 동사~?〉를 활용하여 도전해보세요!

❶ 내가 나중에 다시 전화해도 괜찮겠니?

❷ 네 주스 한 모금만 마셔도 괜찮겠니?

DAY 086

I'm sorry to hear that.
그 얘기 들으니 유감이구나.

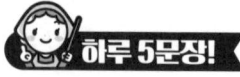

아이가 어떤 말을 해서 기쁘거나 좋을 경우에는
`I'm happy to hear that + 주어 + 동사~` 의 표현을 이용해서 말해주세요.
그리고 아이의 말을 듣고 유감스럽다거나 실망스러울 경우에는
`I'm sorry to hear that + 주어 + 동사~` 의 표현을 이용해서 말해주세요.

I'm happy to hear that you like it.
네가 그게 마음에 든다고 하니 좋구나.

I'm happy to hear that you're getting better.
네가 점점 좋아지고 있다는 걸 들으니 좋구나.

I'm happy to hear that you're doing well.
네가 잘 지내고 있다는 걸 들으니 좋구나.

I'm sorry to hear that you had a fight with your friend.
네가 친구와 싸웠다는 걸 들으니 유감이구나.

I'm sorry to hear that you have a cold.
네가 감기 걸렸다는 걸 들으니 안타깝구나.

What's the matter?
무슨 일이니?

You look down.
기운 빠져 보이네.

What happened?
무슨 일 있었니?

Are you all right?
괜찮니?

Cheer up!
기운 내!

Mom, I didn't get the prize.
엄마, 저 상을 못 받았어요.

Mom, I think I have a fever.
엄마, 저 열나는 것 같아요.

Mom, I lost some money.
엄마, 돈을 좀 잃어버렸어요.

엄마·아빠의 도전!

〈I'm happy(/sorry) to hear that 주어 + 동사~〉를 활용하여 도전해보세요!

❶ 네가 즐거운 시간 보냈다고 하니 좋구나.
_____

❷ 네가 콧물이 난다고 하니 유감이구나.
_____

DAY 087

Track 087

I'm so proud of you.
난 네가 정말 자랑스럽구나.

아이가 한 행동에 대해 칭찬을 해줄 때, 엄마가 아이를 자랑스럽게 생각한다고 하는 표현인
`I'm so proud of you.` 를 써서 말해주세요.
또 아이가 한 특정한 행동에 대해서 구체적으로 이야기할 때에는
`I'm so proud of you for + 동사~ing` 의 표현을 이용해서 말해주세요.

I'm so proud of you for **speak**ing **English**.
네가 영어를 말하다니 정말 자랑스럽구나.

I'm so proud of you for **help**ing **your dad**.
아빠를 도와드리다니 네가 정말 자랑스럽구나.

I'm so proud of you for **graduat**ing **from elementary school**.
네가 초등학교를 졸업한다니 정말 자랑스럽구나.

I'm so proud of you for **shar**ing **your cookies**.
과자를 나누는 것을 보니 네가 정말 자랑스럽구나.

I'm so proud of you for **clean**ing **your room**.
네가 네 방 청소를 하니 정말 자랑스럽구나.

194

상황 표현 더하기

You built that house of blocks all by yourself?
네가 직접 블록 집을 지었니?

You're a genius!
너 천재구나!

That's not easy to do.
그거 하기 쉽지 않은 건데.

You are such a good girl.
착하기도 하지.

You are my son.
역시 내 아들이구나.

아이의 응답

Yes, I did it myself.
네, 제가 직접 한 거에요.

Thank for saying that, mom.
엄마, 그렇게 말해주셔서 고마워요.

I'm so proud of you too, mom.
엄마, 저도 엄마가 정말 자랑스러워요.

엄마·아빠의 도전!

⟨I'm so proud of you for + 동사 ~ing!⟩를 활용하여 도전해보세요!

❶ 네가 너희 반 반장이 되어서 정말 자랑스럽단다.
　_____

❷ 네가 엄마가 저녁 준비하는 거 도와줘서 너무 자랑스럽단다.
　_____

DAY 088

Track 088

You're wearing your shirt back to front.
너 셔츠를 앞뒤 바꿔서 입고 있구나.

아이가 옷을 입고 있는데 그 옷이 앞뒤가 바뀌어 있는 경우에는
`You're wearing + 옷 + back to front.` 의 표현을 이용해서 말해주세요.
그리고 입고 있는 옷이 겉과 안이 바뀌어 있을 경우에는
`You're wearing + 옷 + inside out.` 의 표현을 이용해서 말해주세요.

You're wearing your pajamas back to front. 너 잠옷을 앞뒤 바꿔서 입고 있구나.

You're wearing your turtleneck back to front. 너 목폴라를 앞뒤 바꿔서 입고 있구나.

You're wearing your pants inside out.
너 바지를 뒤집어서 입고 있구나.

You're wearing your socks inside out.
너 양말을 뒤집어서 신고 있구나.

You're wearing your underwear inside out. 너 속옷을 뒤집어서 입고 있구나.

상황 표현 더하기

Didn't you get enough sleep?
잠 충분히 못 잤니?

What's wrong?
무슨 일 있니?

You must have been in a hurry.
급했었나 보구나.

Let me help you.
엄마가 도와줄게.

Make sure you look in the mirror.
반드시 거울을 보도록 하렴.

아이의 응답

Oh, my God!
이럴 수가!

Really?
진짜요?

I'll go and change, mom.
가서 갈아입고 올게요.

엄마·아빠의 도전!

〈You're wearing + 옷 + inside out.〉을 활용하여 도전해보세요!

❶ 너 겉옷을 뒤집어 입고 있구나.

❷ 내가 앞치마를 뒤집어 입고 있었네!

DAY 089

Track 089

Pardon?
뭐라고?

아이가 어떤 말을 했는데 잘 안 들렸거나 못 들었을 경우에는
다음과 같은 표현을 이용해서 말해주세요.

I beg your pardon?
다시 한 번 말해줄래?

I'm sorry?
뭐라고?

Excuse me?
뭐라고?

Come again?
뭐라고?

Can you say that again?
다시 한 번 말해주겠니?

상황 표현 더하기

Could you turn down the volume?
볼륨 좀 줄여줄래?

I can't hear you.
잘 안 들리네.

Sorry, I lost you.
미안해, 네 말 놓쳤어(못 들었어).

Can you speak up a little?
좀 크게 말해줄래?

Come close to me and talk.
가까이 와서 말해보렴.

아이의 응답

I said I was fine.
저 괜찮다고 말했어요.

No problem.
알았어요.

Nothing. I was just talking to myself.
아무것도 아니에요. 그냥 혼잣말이에요.

엄마·아빠의 도전!

〈뭐라고?〉 표현을 활용하여 도전해보세요!

❶ 뭐라고?

❷ 뭐라고 했지?

DAY 090

Track 090

I don't think you practice enough.
너 충분히 연습하는 것 같지 않은데.

아이에게 "엄마는 네가 ~하지 않는다고 생각해(네가 ~하는 것 같지 않아)."라고 하는 경우에 `I don't think you + 동사` 의 표현을 이용해서 말해주세요. (think를 부정해서 말해주고, 뒤에 나오는 내용은 긍정으로 말합니다.)

I don't think you like English.
네가 영어를 싫어하는 것 같은데.

I don't think you got up early.
네가 늦게 일어난 것 같은데.

I don't think you did a good job.
네가 잘못한 것 같은데.

I don't think you had breakfast.
네가 아침 안 먹은 것 같은데.

I don't think you did your homework.
네가 숙제하지 않은 것 같은데.

 **상황 표현 더하기**

How's everything going?
잘 돼가니?

Did you finish your homework?
숙제 다했니?

Stop telling a lie!
거짓말 그만해!

You should enjoy practicing it.
너는 연습하는 것을 즐겨야 한단다.

Practice makes perfect.
자꾸 연습하면 잘하게 된단다.

 **아이의 응답**

I will practice really hard from now on.
지금부터 정말 열심히 연습할게요.

That's not true, mom.
그렇지 않아요, 엄마.

What makes you think so, mom?
왜 그렇게 생각하시는데요, 엄마?

엄마·아빠의 도전!

〈I don't think you + 동사〉를 활용하여 도전해보세요!

❶ 네가 거짓말하고 있는 것 같은데.

❷ 네가 열심히 안 하고 있는 것 같은데.

DAY 091

Track 091

You're right!
네 말이 맞아!

아이가 하는 말이나 행동이 옳은 경우에 "맞아!"라는 의미로,
혹은 그 말이나 행동에 '동의'를 하는 경우에 다음과 같은 표현들을 이용해서 말해주세요.

You bet.
네 말이 맞아.

That's true.
그거 사실이야.

You can say that again!
네 말이 맞아.

That's correct.
그게 맞아.

Absolutely!
당연하지!

상황 표현 더하기

Do you think so?
그렇게 생각하니?

Don't you think so?
그렇게 생각하지 않니?

I can't agree with you more.
엄마는 네 말에 전적으로 동의한단다.

What a smart girl you are!
너 정말 똑똑하구나!

I don't think you are right.
그런 거 같지 않구나.

아이의 응답

I think he is very kind.
그 분 되게 친절하신 것 같아요.

Do you agree with me, mom?
엄마, 제 말에 동의하세요?

Am I right, mom?
제 말이 맞나요, 엄마?

엄마·아빠의 도전!

〈동의〉를 활용하여 도전해보세요!

❶ 난 네 말이 맞다고 생각해.

❷ 당연하지!

DAY 092

Track 092

What made you go there?
거기 왜 갔었니?

아이에게 '이유'나 '원인'을 물어보는 경우에 주로 Why로 시작하는 의문문을 쓸 수도 있지만, What makes(made) you + 동사원형~? 의 표현을 이용해서 쓰는 경우도 많으므로, 다음과 같은 표현들도 활용해보세요.

What made you **think so?**
왜 그렇게 생각하니?

What made you **come home late?**
왜 집에 늦게 왔니?

What made you **fight with your sister?**
왜 여동생과 싸웠니?

What made you **get angry?**
왜 화가 났니?

What made you **change your mind?**
왜 생각이 바뀌었니?

상황 표현 더하기

I've been waiting for you.
널 기다리고 있는 중이었어.

I heard you went to the playground.
너 놀이터에 갔다고 들었어.

Let me guess why you went there.
네가 왜 거기 갔는지 엄마가 맞춰볼게.

Did you change your mind?
생각이 바뀌었니?

So did you have fun there?
그래서 거기서 재미있었니?

아이의 응답

I went there to meet my friend.
저는 친구 만나러 거기 갔었어요.

Because I just wanted to go.
그냥 가고 싶었어요.

Because one of my friends invited me to come.
제 친구 한 명이 초대했었어요.

🖊 엄마·아빠의 도전!

〈What made you + 동사원형~?〉을 활용하여 도전해보세요!

❶ 왜 그런 식으로 말했니?
　✏ _____

❷ 왜 내게 전화했었니?
　✏ _____

DAY 093

Track 093

Can you do that?
그거 할 수 있겠니?

 하루 5문장!

아이에게 어떤 것을 할 수 있냐고 '가능성'을 물어보는 경우에는
`Can you+ 동사원형~?` 의 표현을 이용해서 말해주세요.

Can you do this?
이거 할 수 있겠니?

Can you do it?
그거 할 수 있겠니?

Can you try it by yourself?
그거 너 혼자 해볼 수 있겠니?

Can you finish it?
그거 끝낼 수 있겠니?

Can you do me a favor?
엄마 부탁 하나 들어줄 수 있겠니?

상황 표현 더하기

Can you help me?
엄마 좀 도와줄 수 있니?

Can you give me a hand?
엄마 좀 도와줄 수 있니?

You can handle it on your own.
너 스스로 그거 해결할 수 있잖니.

I can help you out if you can't.
네가 할 수 없으면 엄마가 도와줄게.

You can do it. Try it.
넌 할 수 있단다. 한 번 해보렴.

아이의 응답

Yes, I can do it.
네, 문제 없어요.

No, I don't think I can.
아니요, 제가 못할 것 같아요.

Let me take care of it.
그거 제가 처리할게요.

📢 엄마·아빠의 도전!

〈Can you + 동사원형~?〉을 활용하여 도전해보세요!

❶ 네 아빠에게 그것 좀 가져다줄 수 있겠니?
✏ _____

❷ 너도 우리와 같이 갈래?
✏ _____

DAY 094

It's worth trying it.
그것은 시도해볼 만한 가치가 있단다.

Track 094

 하루 5문장!

아이에게 "~을 할 가치가 있다"라고 말하는 경우에는 `It's worth ~ing` 를 이용한 표현으로 말해주세요. 그리고 "~을 해봐야 소용없다."라고 말하는 경우에는 `It's not worth ~ing` 를 이용해서 말해주세요.

It's worth using it.
그것을 사용해볼 만한 가치가 있단다.

It's worth reading it.
그것을 읽을 만한 가치가 있단다.

It's not worth watching TV.
TV 봐야 소용없단다.

It's not worth crying.
울어봐야 소용없단다.

It's not worth doing it.
그거 해봤자 소용없어.

상황 표현 더하기

Go for it!
도전해봐!

Take your time.
천천히 하렴.

It's up to you.
너 하기에 달렸지.

You'll know when you're done.
네가 하고 나면 알게 될 거야.

Come on, boy! Go ahead!
어서, 해보렴!

아이의 응답

Okay, I'll try, mom.
알았어요, 해볼게요. 엄마.

Really? I didn't know that.
정말이요? 전 그거 몰랐어요.

Let me try it, mom.
엄마, 제가 그거 해볼게요.

엄마·아빠의 도전!

〈It's not worth ~ing〉를 활용하여 도전해보세요!

❶ 어쨌든 그거 알아봐야 소용없단다.

❷ 아빠에게 말해봐야 소용없단다.

DAY 095

Track 095

I'm so glad that you helped your brother.
네가 형을 도와주었다니 정말 좋구나.

아이가 한 행동이 너무 좋다고 '칭찬'을 해주는 경우에는
`I'm so glad that + 주어 + 동사~` 의 표현을 이용해서 아주 기쁘게 말해주세요.

I'm so glad that you helped me.
네가 엄마를 도와줘서 정말 좋구나.

I'm so glad that you already finished your homework.
네가 숙제를 벌써 끝내서 정말 좋구나.

I'm so glad that you came home early.
네가 집에 일찍 와서 정말 좋구나.

I'm so glad that you like it.
네가 그걸 좋아해서 정말 좋구나.

I'm so glad that you study hard.
네가 공부 열심히 해서 정말 좋구나.

상황 표현 더하기

How kind of you!
넌 정말 친절하구나!

I'm so proud of you.
엄마는 네가 정말 자랑스럽구나.

You're the best!
네가 최고야!

You deserve it.
너는 그럴 만한 자격이 있구나.

He'll be thankful to you.
형이 너에게 고마워할 거란다.

아이의 응답

I just did what I should do.
제가 해야 할 일을 했는걸요.

I'm glad, too.
저도 기뻐요.

Thank you for saying that, mom.
엄마, 그렇게 말씀해주셔서 감사해요.

엄마·아빠의 도전!

〈I'm so glad that + 주어 + 동사~〉를 활용하여 도전해보세요!

❶ 네가 빨리 나아서 정말 좋구나.
_____

❷ 네가 상을 타서 정말 좋구나.
_____

Are you ready?
준비됐니?

아이에게 "~을 할 준비가 되었니?"라고 물어보는 경우에는 `Are you ready to + 동사원형~?` 의 표현을 이용해서 말해주세요. 또는 그냥 `Are you ready?` 라고만 해도 됩니다.

Are you ready to **go**?
갈 준비됐니?

Are you ready to **take a bath**?
목욕할 준비됐니?

Are you ready to **have dinner**?
저녁 먹을 준비됐니?

Are you ready to **play outside**?
밖에서 놀 준비됐니?

Are you ready to **go to school**?
학교 갈 준비됐니?

상황 표현 더하기

When are you leaving?
언제 갈 거니?

What are you going to have for dinner?
저녁으로 뭐 먹을 거니?

What are you going to order?
무엇을 주문할 거니?

Did you pack your bag?
가방 쌌니?

Do you need anything else?
다른 거 필요한 건 있니?

아이의 응답

Yes, I'm ready.
네, 저 준비 됐어요.

No, not yet.
아니요, 아직이요.

No, I'm not ready.
아니요, 저 준비 안 됐어요.

엄마·아빠의 도전!

〈Are you ready to + 동사원형~?〉을 활용하여 도전해보세요!

❶ 잠잘 준비됐니?

❷ 주문할 준비됐니?

DAY 097

Track 097

You're into comic books.
너 만화책에 푹 빠져 있구나.

아이가 어떤 것에 푹 빠져 있는 경우에는
`You're into 명사/동사~ing` 의 표현을 이용해서 말해주세요.

You're into watching TV.
TV에 푹 빠져 있구나.

You're into computer games.
너 컴퓨터 게임에 푹 빠져 있구나.

You're into the jigsaw puzzle.
너 그림 맞추기 퍼즐에 푹 빠져 있구나.

You're into the Internet.
너 인터넷에 푹 빠져 있구나.

You're into the book.
너 그 책에 푹 빠져 있구나.

You should cut down on reading comic books.
너 만화책 보는 것 좀 줄여야 해.

Stop doing that!
그것 좀 그만하렴.

Don't waste your time.
시간 낭비 좀 그만하렴.

What made you like it so much?
그게 왜 그렇게 좋아졌니?

I saw you reading it all day.
네가 그걸 온종일 읽는 걸 봤단다.

Do you think so?
그렇게 생각하세요?

Sorry, mom. I will try not to.
죄송해요, 엄마. 안 하도록 할게요.

This is so fun to read.
이거 읽는 게 정말 재미있어요.

엄마·아빠의 도전!

〈You're into 명사/동사 ~ing〉를 활용하여 도전해보세요!

❶ 너 글쓰기에 빠져 있구나.

_____

❷ 너 농구하는 거에 푹 빠져 있구나.

_____

I saw you dancing.
나는 네가 춤추는 거 봤단다.

아이가 무엇을 한 것을 '보았다'고 말하는 경우에는 `I saw you ~ing` 의 표현을 이용해서 말해주세요. 그리고 무엇을 하는 것을 '들었다'고 말하는 경우에는 `I heard you ~ing` 의 표현을 이용해서 말해주세요.

I saw you crying.
엄마는 네가 우는 걸 봤단다.

I saw you hiding something.
엄마는 네가 뭐 감추는 거 봤단다.

I saw you fighting with your little sister.
엄마는 네가 여동생하고 싸우는 거 봤단다.

I heard you singing.
엄마는 네가 노래하는 거 들었단다.

I heard you speaking English.
엄마는 네가 영어 말하는 거 들었단다.

상황 표현 더하기

How nice!
멋있다!

Terrific!
멋진데!

Awesome!
멋진데!

You shouldn't do that.
너 그러면 안 돼.

Can you do that again?
그거 다시 한 번 할 수 있겠니?

아이의 응답

You did?
그러셨어요?

I just felt like dancing.
그냥 춤추고 싶었어요.

I'm just practicing it.
그냥 연습하고 있는 중이었어요.

엄마·아빠의 도전!

〈I saw you ~ing〉, 〈I heard you ~ing〉를 활용하여 도전해보세요!

❶ 나 너 컨닝하는 거 봤다.

❷ 나 네가 우는 거 들었다.

DAY 099

Track 099

Are you supposed to go on a picnic today?
너 오늘 소풍 가기로 했지?

 하루 5문장!

아이가 어떤 것을 하기로 되어 있다는 것을 알고 있을 경우, 그 사실을 물어볼 때는
Are you supposed to +동사원형~? 의 표현을 이용해서 말해주세요.

Are you supposed to go swimming?
너 수영 가기로 했지?

Are you supposed to go there by eleven?
너 11시까지 거기 가기로 했지?

Are you supposed to clean your room tonight?
너 오늘 밤에 네 방 청소하기로 했지?

Are you supposed to have your hair cut today?
너 오늘 머리 자르려고 했지?

Are you supposed to go to the zoo with your aunt?
너 이모와 동물원 가기로 했지?

상황 표현 더하기

Hurry up!
서둘러!

We don't have much time.
우리 시간이 많이 없단다.

You must be very happy.
너 진짜 좋겠다.

Did you forget it?
그거 잊었니?

You should have remembered it.
너 그거 기억했어야지.

아이의 응답

Yes, but I changed my mind.
네, 그랬었는데, 생각이 바뀌었어요.

Yes, I'm about to.
네, 지금 막 하려고요.

It slipped my mind.
깜박했어요.

엄마·아빠의 도전!

〈Are you supposed to + 동사원형~?〉을 활용하여 도전해보세요!

❶ 너 여섯 시까지 숙제 끝내기로 했지?
✎ _____

❷ 너 이번 주말에 친구들과 축구하기로 했지?
✎ _____

DAY 100

Track100

See you later!
나중에 봐!

 하루 5문장!

아이가 학교나 유치원, 학원 또는 여행 등을 가야 해서 인사를 하는 경우에는 다음과 같은 표현들을 이용해서 말해주세요.

See you soon.
곧 보자.

See you.
이따 보자.

Catch you later.
나중에 보자.

Take care.
안녕.

I'm going to miss you.
보고 싶을 거야.

상황 표현 더하기

Have a great time!
좋은 시간 보내렴!

Have a good time in class!
수업 잘 하렴!

Have a nice trip!
즐거운 여행되렴!

See you again!
또 보자!

Call me after school.
학교 끝나고 전화하렴.

아이의 응답

See you, mom.
엄마, 이따 봐요.

I'll catch you later, mom.
엄마, 나중에 봐요.

I'm going to miss you, mom.
엄마, 보고 싶을 거예요.

엄마·아빠의 도전!

〈인사 표현〉을 활용하여 도전해보세요!

❶ 따뜻하게 있으렴.
✎ _____

❷ 착하게 굴렴.
✎ _____

아이가 영어 표현을 할 때, 아낌없이 칭찬해주세요!

"칭찬은 고래도 춤추게 한다"는 말이 있듯이 아이들에게 있어서 칭찬은 절대적인 동기부여의 수단이 됩니다.

저는 도현이가 영어로 어떤 말을 시도하면 반드시 **"Good job!"**(잘했어!)라는 표현을 항상 해주곤 합니다. 그리고 **"Excellent!"**(훌륭해!), **"Well done!"**(잘했어!), **"You did a great job!"**(잘했구나!) 등의 표현을 해서 늘 칭찬에 줍니다. 제 칭찬에 힘이 나서인지 저희 도현이는 더 많은 영어를 말해보려고 합니다.

지금도 아이가 어떤 말을 시도하고 있다면, 아이를 보면서 엄지 손가락을 들면서 이야기해주세요. **"Good job!"**(잘했어!)라고요.

"Thank you", "Please", "Hug"를 생활화하세요!

아이들에게 항상 고맙다고 해주세요. 저는 아주 사소한 일이라도 도현이가 어떤 일을 도와주면 **"Thank you for helping me.**(나를 도와줘서 고맙다.)"라는 표현을 사용해서 말해줍니다.

그리고 아이에 대한 존중으로 항상 **"please"**를 붙여서 이야기하는 습관을 가져보세요. 특히, 아이에게 무언가를 요청할 때는 반드시 붙여주세요. 아이가 존중받고 있음을 느낄 수 있는 중요한 수단이기도 합니다.

또한, 사랑한다고 말로만 하지 않고, 진짜 사랑하고 있다는 마음을 느낄 수 있도록 최대한 많이 안아주세요. 동시에 **"I love you so much.**(나는 너를 정말로 많이 사랑한단다.)"라고 자연스럽게 영어로 말해주세요.

001 Good morning, sweetie.
It's time to get up!
① It's time to study English.
② It's time to go to kindergarten.

002 Did you have a good sleep?
① Did you make it?
② Did you meet your friend?

003 I'm your mommy(daddy).
① She's your teacher.
② He's your cousin.

004 It's fine today.
① It's raining outside.
② It's probably cold outside.

005 Let's wash your face!
① Let's go to see a doctor!
② Let's have pizza delivered!

006 You must be hungry.
① You must be bored.
② You must be very happy.

007 Your mom(dad) is cooking.
① Your mom is giving you a bath.
② You're playing with a puppy.

008 It's salty.
① Is it hot?
② It's really tasty.

009 You should brush your teeth.
① You should arrange your books.
② You shouldn't fight with your friend.

010 Tell me if you have to pee.
① Tell me if you want something.
② Tell me if you are sick.

011 Your daddy is going to work.
① Your daddy is leaving.
② Your daddy is going to bring some doughnuts.

012 Let me choose your clothes.
① Let me think.
② Let me see.

013 It suits you well.
① Your new vest suits you well.
② Your hoody is really nice on you.

014 Where is your bag?
① Where is your coat?
② Where is your aunt?

015 Do you know where your book is?
① Do you know where my necklace is?
② Do you know where I put your toothbrush?

016 Hurry up!
① Put on your coat right now!
② Don't forget to do your homework!

017 Thank you for helping me.
① Thank you for helping me cleaning.
② Thank you for taking care of your younger brother.

018 I'm sorry, sweetie!
① It's my fault. I'm sorry.
② I'm terribly sorry.

019 I want you to arrange your books.
① I want you to go to bed early.
② I want you to be confident

020 Would you like me to help you?
① Would you like me to make spaghetti for you?
② Would you like me to help you do your homework?

021 You seem to have a problem.
① You seem disappointed.
② You seem very happy today.

022 Can you put on your shoes by yourself?
① Can you do me a favor?
② Can you speak English?

023 It's too big for you.
① It's good for you.
② It's fun.

024 Have a great day!
① Have a good day there!
② Have a fantastic time!

025 Don't forget to call me after school.
① Don't forget to be on time.
② Don't forget to watch out for cars.

026 What's this?
① What's in the bag?
② Who is the girl beside you?

027 Do you like milk?
① Do you like Chinese food?
② Do you like eating spicy food?

028 I'm not sure if you like this.
① I'm not sure if you did your homework.
② I'm not sure if you like your new friend.

029 What do you call '코끼리' in English?
① What do you call '늦지 마세요.' in English?
② You can say 'Don't be late.'.

030 What do you call 'tiger' in Korean?
① What do you call 'scissors' in Korean?
② What do you call 'Calm down' in Korean?

031 Which do you like better, green or blue?
① Which do you like better, toys or books?
② Which do you like better, a skirt or pants?

032 Be careful!
① Be nice to your friends!
② Don't be so mean!

033 We're going to the market.
① We're having dinner with your grandparents.
② We are going to the playground.

034 You need to clean up your room.
① We need to talk.
② You don't need to do it.

035 I'm about to wash the dishes.
① I was about to call you.
② Are you about to jump?

036 Do you have a fever?
① Do you have a stomachache?
② Do you have diarrhea?

037 It smells good!
① You look exhausted today.
② You look very excited.

038 What do you want to do now?
① What do you want to get for Christmas?
② What do you want to do this weekend?

039 You'd better watch your mouth.
① You'd better tidy up before your dad comes.
② You'd better put on a coat.

040 Have you tried spaghetti?
① Have you tried the amusement park?
② Have you tried these sneakers?

041 Get on the elevator.
❶ Let's get off the car.
❷ Let's get out of here.

042 Why don't we take the stairs?
❶ Why don't we go grocery shopping?
❷ Why don't we take a walk?

043 Can you help me find my cell phone?
❶ Can you help your dad mop the floor?
❷ Can you help me clear the table?

044 Do you know where your bag is?
❶ Do you know where I put your coat?
❷ Do you know how to turn off this laptop?

045 What a boy!
❶ What a puppy!
❷ What a hat!

046 How pretty!
❶ How comfortable!
❷ How difficult!

047 Don't touch it!
❶ Don't draw a picture on the wall.
❷ Don't fight with your brother.

048 I don't know if you like it.
❶ I don't know if you called your daddy.
❷ I don't know if you can get up early tomorrow morning.

049 Are you interested in this book?
❶ Are you interested in this robot?
❷ Are you interested in playing the violin?

050 What did you do?
❶ What did you study at school?
❷ What did you draw on the sketchbook?

051 Why did you do that?
❶ Why did you call your dad?
❷ Why did you go to bed late last night?

052 How did you do that?
❶ How did you find here?
❷ How did you make this?

053 When did you get up?
❶ When did you take a nap?
❷ When did you see your grandma?

054 Where did you buy it?
❶ Where did you leave it?
❷ Where did you play soccer with your friends?

055 Are you trying to do your best?
❶ Are you trying to persuade me?
❷ Are you trying to solve the problem?

056 What were you doing?
❶ What were you eating?
❷ What were you thinking?

057 Are you good at singing?
❶ Are you good at playing computer games?
❷ Are you good at jumping rope?

058 Try not to think about it.
❶ Try not to be late.
❷ Try not to eat too much junk food.

059 I'll see if I can do that.
❶ I'll see if your daddy is at home.
❷ I'll see if your daddy can give us a ride to the department store.

060 It's time for going to school.
❶ It's time for preparing dinner.
❷ It's time for doing the laundry.

061 It's hot today, isn't it?
❶ You will wait for me, won't you?
❷ You remember going to the zoo, don't you?

062 Didn't you have dinner?
❶ Don't you think so?
❷ Don't you think you should study now?

063 Do you remember my phone number?
❶ Do you remember how old I am?
❷ Do you remember when your birthday is?

064 I'll get you something to drink.
❶ I'll get you some snacks.
❷ I'll get you some colored paper.

065 What's your favorite food?
❶ What's your favorite subject?
❷ What's your favorite fruit?

066 Does it hurt?
❶ Does your back hurt?
❷ Does your tummy hurt?

067 Are you okay?
❶ What's the matter with your friend?
❷ What's wrong with the new computer?

068 That's great!
❶ You look fabulous today!
❷ You look brilliant today!

069 Here you are.
❶ Here is your notebook.
❷ Here is the book you were looking for.

070 What day is it today?
❶ What date was it yesterday?
❷ Today is Tuesday, isn't it?

071 Can you guess what it is?
❶ Can you guess how much it is?
❷ Can you guess who that man is?

072 How do you like your eggs?
❶ How do you like your classes?
❷ How do you like your new bicycle?

073 You should've gone to bed early.
❶ You should've taken the medicine.
❷ You should've been nice to your friend.

074 Whose is this?
❶ Whose idea was it?
❷ Whose fault is it?

075 Be sure to dress warmly.
❶ Be sure to bundle up.
❷ Make sure to fasten your seatbelt.

076 Look, there are birds in the sky.
❶ There is nothing left in the bottle.
❷ There are several cups on the shelf.

077 Are you in the mood for singing?
❶ Are you in the mood for eating out?
❷ Are you in the mood for playing the piano?

078 No wonder you were late.
❶ No wonder you were scolded.
❷ No wonder you haven't talked to your brother.

079 What's her name?
❶ What's your grandmother's name?
❷ What's your teacher's name?

080 Who is taller?
❶ Who is more handsome?
❷ Which is more interesting, math or English?

081 It's important to be polite.
❶ It's important to wash your hands.
❷ It's important to believe in yourself.

082 Feel free to talk to me.
❶ Feel free to eat whatever you want.
❷ Feel free to ask me.

083 If I were you, I wouldn't do that.
❶ If I were you, I wouldn't do such a thing.
❷ If I were you, I wouldn't bother your little brother.

084 Don't make me angry.
❶ You make me feel sorry for that.
❷ You make me feel real good.

085 Is it okay if I turn off the light?
❶ Is it okay if I call you back later?
❷ Is it okay if I take a sip of your juice?

086 I'm sorry to hear that.
❶ I'm happy to hear that you had a great time.
❷ I'm sorry to hear that you have a runny nose.

087 I'm so proud of you.
❶ I'm so proud of you for being a class president.
❷ I'm so proud of you for helping me prepare dinner.

088 You're wearing your shirt back to front.
❶ You're wearing your outfit inside out.
❷ I'm wearing my apron inside out!

089 Pardon?
❶ What was that again?
❷ What did you say?

090 I don't think you practice enough.
❶ I don't think you're telling the truth.
❷ I don't think you work hard.

091 You're right!
❶ I guess you're right.
❷ Exactly!

092 What made you go there?
❶ What made you say like that?
❷ What made you call me?

093 Can you do that?
❶ Can you bring it to your dad?
❷ Can you join us?

094 It's worth trying it.
❶ It's not worth knowing it anyway.
❷ It's not worth talking to your dad.

095 I'm so glad that you helped your brother.
❶ I'm so glad that you got well soon.
❷ I'm so glad that you won the prize.

096 Are you ready?
❶ Are you ready to go to bed?
❷ Are you ready to order?

097 You're into comic books.
❶ You're into writing.
❷ You're into playing basketball.

098 I saw you dancing.
❶ I saw you cheating.
❷ I heard you crying.

099 Are you supposed to go on a picnic today?
❶ Are you supposed to finish your homework by six?
❷ Are you supposed to play soccer with your friends this weekend?

100 See you later!
❶ Stay warm.
❷ Be nice!